半導體의 半만 알아도 세상을 이해한다!

반도체
인문학

왕용준 지음

SEMICONDUCTOR HUMANITIES SEMICON
HUMANITIES SEMICONDUCTOR HUMANITIES SEMICONDU

반도체 인문학

半導體의 半만 알아도 세상을 이해한다

머리글

안녕하세요? 인문학으로 반도체를 설명하는 왕용준입니다.

저의 주식(主食)은 쌀입니다.

그럼 산업의 쌀은 무엇일까요?

이런 질문에 대부분 사람들은 반도체라고 답합니다.

그럼 반도체는 무엇일까요? 대다수 사람들은 대답하기 꺼려하든가 아니면 전기가 반쯤 흐르는 좀 이상한 물건이다. 아니면 삼성전자가 세계 반도체 1위라는 조금은 질문에서 벗어난 답변을 합니다.

그럼 반도체 인문학은 무엇일까요? 반도체도 잘 모르는데 반도체 인문학은 더더욱 답을 하기 어렵게 합니다. 최재천 교수의 '통섭'이란 말을 좋아합니다. 주제넘지만 최첨단 기술인 반도체 지식에 인문학 지식을 통섭하고 싶습니다. 쉽게 반도체 지식에다가 이와 관련된 철학이나 종교 관련 인문 지식을 덧붙여 독자분들에게 조금이나마 도움을 주기 위한 책이라고 생각하셔도 됩니다. 반도체의 반만 알아도 세상을 이해할 수 있습니다.

반도체에 대해 알기 위해서는 반도체에 대한 기본적인 내용들, 예를 들어 반도체의 정의라던가 반도체가 어떻게 변화 발전했는지 등의 내용을 먼저 이해할 필요가 있습니다.

첫째 장은 그래서 반도체가 무엇인지, 어떻게 분류하는지, 그 역사는 어떤지 등 반도체의 개괄적인 내용을 담았습니다.

둘째 장은 반도체가 어떻게 움직이는지 그 원리를 설명합니다. 미시세계에서 움직이는 전자의 운동을 보고 있노라면 거시세계의 우리 우주가 생각납니다. 좀 더 들여다보면 제 머리로는 이해가 가지 않는 양자역학의 길로 빠지게 됩니다. 천체의 우주 세계와 양자의 미시세계가 서로 맞닿아 있는 기묘한 현상이 펼쳐집니다.

셋째 장은 반도체가 어떻게 만들어지는지를 이야기합니다.

특히 요즘 각광받고 있는 시스템 반도체가 어떻게 만들어지는지, 우리나라가 메모리 반도체뿐 아니라 시스템 반도체에서도 세계 1위가 되기 위해서는 어떻게 해야 하는지도 주제넘게 이야기해 보겠습니다.

넷째 장은 반도체 비즈니스 생태계와 다양한 반도체 회사들을 소개해 드리겠습니다. 눈썰미 있는 독자분이라면 이 장에 소개된 기업들에 자신의 소중한 돈을 투자할 수도 있을 겁니다.

다섯째 장은 미래의 반도체에 대한 이야기입니다. 미래의 반도체를 그려 본다는 의미는 종국엔 미래의 세상을 볼 수 있다는 의미입니다. 메타버스 속 '삼프로TV' 아카데미에서 김동환 아바타에게 주식 강좌를 듣고, 온돌 시트가 깔린 자율주행 자동차에 누워 있다가 회사 정문에 도착하여 안면인식 엘리베이터를 타고 출근하여 슈퍼컴퓨터보다 수백 배 빠른 양자컴퓨터로 업무를 보고 대체육 햄버거로 점심을 먹는 미래는 지금보다 행복할까요? 미래는 당연히 지금보다 편리하겠지요. 행복할지는 몰라도요.

각 장 마지막에는 기억에 남으시라고 해당 장에서 설명한 문제를 냈습니다. 객관식입니다. 찍어도 맞출 수 있게 4지선다로요.

  글 읽는 사람보다 글 쓰는 사람이 더 많은 이 시대에 이 책이 당신에게 반도체 지식뿐 아니라 세상을 살아가는 지혜까지도 전달할 수 있도록 끝까지 읽어 주시길.

목차

1. 반도체란 무엇인가?　　13

1. 반도체 정의　　14
반린이 구별법　　14
실생활에서 볼 수 있는 반도체　　18
인문학적 반도체_어원과 철학자　　23
반도체의 정의　　25
인문학적 반도체_헐크와 스님　　28

2. 반도체의 변천　　37
물질에 따른 변천　　37
트랜지스터에 따른 변천　　41
집적도에 따른 변천　　43

3. 반도체 분류　　45
다양한 기준의 반도체 분류　　45
메모리 반도체와 비메모리 반도체 비교　　61

4. 반도체 역사　　64
우리나라 반도체 역사　　64
인문학적 반도체_역사와 땔나무　　67

1장. 반린이 탈출 문제　　73

2. 반도체는 어떻게 움직이나?　　　75

1. 반도체 작동 원리　　　76
원자란 무엇인가?　　　79
반도체의 작동 원리　　　80
인문학적 반도체_《반야심경》과 색즉시공　　　82

2. N형 반도체/P형 반도체　　　89
N형 반도체/P형 반도체　　　89

3. 다이오드와 트랜지스터　　　93
PN 접합 다이오드　　　93
트랜지스터의 발명　　　96
PNP형/NPN형 트랜지스터　　　98
트랜지스터 분류　　　101
트랜지스터의 작동 원리　　　103
인문학적 반도체_5-Forces Model　　　111

4. 반도체의 역할　　　121
다양한 반도체의 역할　　　121
인문학적 반도체_리더와 지산겸(地山謙)　　　123

2장. 반린이 탈출 문제　　　128

3. 반도체는 어떻게 만들어지나?　　131

1. 반도체 관련 용어　　132
　IC 관련 용어　　133

2. 반도체 개발 과정　　139
　반도체 전(全)공정 개괄　　139

3. 반도체 설계　　143
　칩 설계_Planning　　145
　칩 설계_Front-end Design　　153
　칩 설계_Back-end Design　　163

4. 반도체 제조　　171
　반도체 제조_전(前)공정　　171
　반도체 제조_후(後)공정　　179
　인문학적 반도체_개발 언어의 변천사　　185

3장. 반린이 탈출 문제　　188

4. 반도체 회사들은 어떤 사업을 하나?　191

1. 반도체 비즈니스의 이해　192
반도체 생태계의 이해　192

2. 다양한 반도체 회사들　196
IDM　196
Fabless　199
Foundry　201
IP 기업　204
디자인하우스　207
EDA 기업　209
OSAT　211
반도체 장비 및 소재 기업　213
인문학적 반도체_반도체 공급망과 네온　215

4장. 반린이 탈출 문제　221

5. 반도체의 미래는 어떨까? 223

1. 반도체의 현재와 미래 224

세계 반도체의 현재와 미래 224

미국 바이든 정부의 반도체 정책 226

우리나라 반도체의 현재와 미래 238

2. 4차 산업혁명과 반도체 244

무어의 법칙 한계를 극복하려는 다양한 시도들 244

AI 반도체 252

양자 컴퓨터 261

인문학적 반도체_점(占)과 정(正) 271

5장. 반린이 탈출 문제 280

맺는 글 283

참고도서 285

1

반도체란 무엇인가?

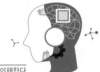

半導體의 半만 알아도 세상을 이해한다

반린이 구별법

올해 5월 5일 어린이날 즈음에 국가인권위원회(인권위)에서 아동을 비하하고 부정적 고정관념을 조장할 수 있다는 이유로 각 분야의 초보자를 어린이에 빗댄 신조어 '~린이'를 공문서와 방송·인터넷 등에서 무분별하게 사용하지 말 것을 권고했다는 기사가 났습니다.

필자는 주식 초보자를 주린이, 등산 초보자를 등린이 등 신조어를 만든 네티즌의 센스가 돋보여서 인권위의 권고에도 불구하고 반도체를 잘 모르는 사람들을 '반린이'로 부르기로 했습니다.

자신이 반린이인지 아닌지는 아래 단어들을 보고 먼저 떠오르는 생각들을 보면 알 수 있습니다.

이름하여 **'반린이 구별법'** 입니다.

SOC ｜ ARM ｜ PR

첫 번째 단어인 SOC를 보고 **Social Overhead Capital**, 즉 **사회간접자본**인 도로, 항만이 생각나는 사람은 반린이일 확률이 높습니다.

반도체에서는 SOC가 **System on Chip, 시스템 온 칩**의 약자로 손톱보다 작은 하나의 칩 안에 여러 기능을 하는 반도체들이 빼곡히 들어차 시스템으로서의 역할을 하는 비메모리 반도체를 의미합니다.

PC, 휴대폰의 두뇌라 할 수 있는 CPU, AP(Application Processor)가 대표적인 SOC이지요.

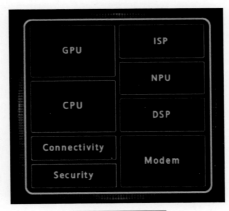

SOC 예시도(출처: 삼성전자)

두 번째 단어인 ARM을 보고 팔을 연상했다면 초등학교 때 영어 공부를 열심히 하신 분들입니다.

반도체 분야에서 ARM은 **Advanced RISC Machines**이라는 영국 반도체 기업을 의미합니다.

위에서 예를 든 AP에 핵심으로 들어가는 Core를 만들어 Fabless회사에 제공하고 로열티 등을 받는 세계에서 가장 유명한 IP 회사입니다.

초기 회사 이름은 "**A**corn **R**ISC **M**achine"이었는데 Acorn Computer라는 영국 컴퓨터 회사에 들어갈 CPU를 개발하기 위해서 Acorn이라는 이름이 앞에 붙었습니다.

그다음 RISC라는 용어는 **ISA**(Instruction Set Architecture)라고 하는 컴퓨터가 알아먹을 수 있는 명령어의 집합을 뜻합니다.

ISA는 크게 두 가지 종류로 나누어지는데, 인텔사의 CPU인 x86 계열의 CISC 방식과 ARM사의 RISC 방식입니다.

RISC 방식은 **Reduced Instruction Set Computer** 약자에서 보듯이 CISC 방식에 비해 명령어 수가 적어 더 빠른 속도로 동작하고 전력 소모도 적고 가격도 착한 장점이 있습니다.

ARM사는 Acorn Computer, Apple, VLSI Technology라는 세 회사의 조인트 벤처로 생겨나서 초기 Apple 컴퓨터에도 탑재되었지만, 최근 몇 년 내 갑자기 폭풍 성장한 이유는 삼성전자 휴대폰에 ARM사의 IP가 사용된 것이 가장 큰 원인 중 하나입니다.

Arm사 로고(출처: Arm사 홈페이지)

세 번째 단어인 PR을 보고 첫 출근 날 직장 선배의 "너 PR 좀 해봐"라는 답하기 곤란한 질문이 떠올랐다면 지극히 당연한 일입니다.

일반인들에게 **PR**은 **Public Relations**, 즉 대중 관계의 약자로 통상 기업들이 고객에게 자신의 제품이나 서비스를 판매하기 위해 호의적인 관계를 맺기 위한 모든 활동을 뜻합니다.

그러나 반도체나 디스플레이 분야에서 근무하시는 분들이나 필름 카메라로 사진을 인화하는 사진사들에게 PR은 **포토레지스트**(Photo

Resist), 즉 감광액을 의미합니다.

Photo Resist는 주로 반도체 웨이퍼에 빛(자외선)을 이용해 패턴을 새기는 포토리소그래피(photo-lithography) 공정 중에서 표면에 코팅을 만들 때 사용되는 감광성 소재로 몇 년 전 일본에서 우리나라에 수출을 금지하겠다고 억지를 부린 감광액이라는 액체입니다.

포토레지스트는 **포지티브**(Positive)형과 **네거티브**(Negative)형으로 나뉘는데, 포지티브는 빛을 받은 부분이 현상액에 용해되며, 네거티브는 반대로 빛을 받지 않은 부분이 용해되는 특징을 가지므로, 필요에 따라 선택적으로 사용됩니다.

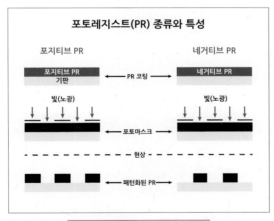

포토레지스트 방식(출처: 삼성디스플레이)

위 단어들 중에 반도체에서 사용하는 용어가 얼마나 떠오르셨나요. 대부분 몰랐다고, 자신이 반린이라고 실망하지 마세요.

이 책을 처음부터 차근차근 보시면 아마도 반린이를 탈출할 수 있을 겁니다.

실생활에서 볼 수 있는 반도체

실생활에서 볼 수 있는 반도체는 무엇이 있을까요?

예를 들어, 노트북을 생각해 보죠.

익히 알고 있는 인텔의 CPU, 엔비디아의 GPU, 삼성의 Memory가 들어 있습니다. SSD는 HDD를 대체하는 저장 공간으로 NAND Flash 메모리로 만들지요. HDD와 가장 큰 차이점은 '데이터 읽기/쓰기 속도'가 압도적으로 높다는 것입니다. 왜냐하면 HDD와 같이 모터가 돌아가며 자성에 의한 동작 방식이 아니라 메모리의 전자가 이동하는 전기신호 방식이라 속도가 빠르지요. 소음도 거의 없고, 소비전력과 발열도 적습니다. 내부에 움직이는 부품이 없어 외부 충격으로 손상될 가능성이 낮아 데이터를 안전하게 유지할 수도 있습니다. 그래서 요즈음에는 보조 기억장치로 HDD보다는 SSD가 더 많이 쓰이고 있습니다.

실생활의 반도체 예시_노트북

또 하나의 예는 스마트폰이죠.

스마트폰은 손안의 컴퓨터라는 별명과 같이 컴퓨터 CPU와 같은 두뇌격인 Application Processor, 5G와 LTE 등 통신을 가능하게 해주는 모뎀 칩, OS와 앱 등을 저장할 수 있는 내장 메모리, 사진을 찍을 수 있는 카메라 모듈, 카메라 모듈을 또 분해해 보면 액추에이터와 반도체 이미지 센서가 들어가 있습니다. 그 외 NFC라든가 GPS, 중력 센서라든가 가속 센서라든가 하는 각종 센서들도 들어가 있습니다. 한마디로 휴대폰은 대부분의 부품이 반도체에 의해 구성되는 대표적인 전자기기라 할 수 있습니다.

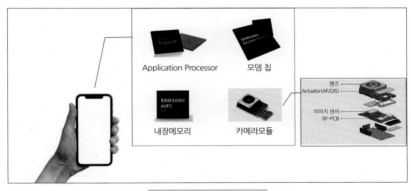

실생활의 반도체 예시_스마트폰

요새 많은 사람에게 주목받고 있는 전기자동차에도 많은 반도체가 들어 있습니다.

내연기관 자동차에는 자동차 1대당 200~300개가량의 반도체가 사용되고 있고, 전기자동차에는 1,000여 개, 향후 자율주행차에는 2,000개 이상의 반도체가 사용될 것으로 전망되고 있습니다.

차량용 반도체의 적용 분야와 부품을 보면 안전·ADAS 분야가

20% 점유율로 가장 크고 적용 부품으로는 TPMS(타이어 공기압 경보장치), 에어백, 후방카메라, 서라운드 뷰카메라 등이 있습니다. 섀시는 17%를 점유하며 제동장치, 조향장치 등이 있습니다. 인포테인먼트도 17%를 점유하며 내비게이션, 텔레매틱스가 있습니다. 차체는 16%를 점유하며 와이퍼, 선루프 등이 있습니다. 파워트레인은 14%를 점유하고 트랜스미션, 점화, 충전 등이 있습니다. 기타는 16%를 점유하며 전력 반도체(모터, 인버터, DC-DC 컨버터), BMS(배터리 관리 시스템), LIN/CAN, 이더넷 등이 있습니다.

차량용 반도체의 주요 기능별 비중으로는 MCU가 30%로 차량 전장 시스템 전반을 제어하며, ADAS, ECU 등에 탑재됩니다. 아날로그 회로는 비중이 29%로 속도, 압력, 온도 등 신호를 디지털 신호로 변환해 주는 역할을 합니다. 각종 센서는 비중이 17%로 차량 내·외부 여러 환경 특성을 감지하고 디지털화하여, MCU가 디지털화된 데이터를 토대로 상황을 계산하고 판단을 내리는 데 도움을 줍니다. 자동차용 AP는 비중이 10%로 CPU, GPU, 통신칩 등이 탑재되어 두뇌 역할을 수행합니다. 메모리는 7%의 비중으로 다량의 정보를 저장, 인출하는 역할을 합니다. 기타는 7%를 차지하는데, Driver IC, Power IC 등으로 엔진, EPS(Electric Power Steering) 등 고전류의 출력이 필요한 장치에 사용되거나, 반도체 발전장치에서 공급되는 전류를 안정적인 직류전원으로 공급합니다. 이렇게 점점 더 많은 다양한 반도체들이 자동차에 쓰이니까 휴대폰 제조사인 Apple도 Apple car를 만들겠다고 나오고 있습니다.

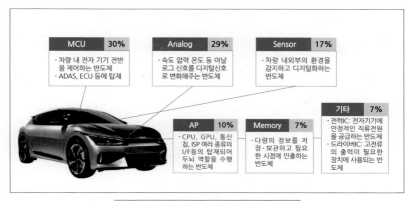

MCU	30%	Analog	29%	Sensor	17%
- 차량 내 전자 기기 전반을 제어하는 반도체 - ADAS, ECU 등에 탑재		- 속도 압력 온도 등 아날로그 신호를 디지털신호로 변화해주는 반도체		- 차량 내외부의 환경을 감지하고 디지털화하는 반도체	

기타	7%
- 전력IC: 전자기기에 안정적인 직류전원을 공급하는 반도체 - 드라이버IC: 고전류의 출력이 필요한 장치에 사용되는 반도체	

AP	10%	Memory	7%
- CPU, GPU, 통신칩, ISP 여러 종류의 I/F등의 탑재되어 두뇌 역할을 수행하는 반도체		- 다량의 정보를 저장·보관하고 필요한 시점에 인출하는 반도체	

실생활의 반도체 예시_전기자동차(출처: 머니투데이)

심지어 자연 현상에서도 반도체 현상을 볼 수 있습니다.

반도체는 쉽게 말해 전자나 정공 등 전하가 이동하여 전류가 흐르는 현상을 이용해 만든 작디 작은 물체입니다.

겨울철에 옷을 입거나 벗을 때, 또는 문이나 자동차 손잡이를 잡다가 '찌릿찌릿' 한 정전기를 대부분 경험해 보았을 겁니다. 이런 정전기도 반도체의 작동 원리인 전자들이 만들어 내는 현상입니다. 정전기란 한 물체에서 다른 물체로 옮겨간 전자들이 다른 곳으로 흘러가지 않고 머물러 있기 때문에 붙여진 이름입니다. 대부분의 정전기는 물체가 서로 마찰할 때 생기기 때문에 '마찰 전기'라고도 합니다. 서로 다른 두 물체가 서로 접촉하거나 분리하게 되면 그 경계면에 전하의 이동이 생깁니다. 그럼 각각의 물체에 같은 양의 양(+)전하와 음(-)전하가 생겨 정전기가 발생하는 것입니다. 정전기가 발생했다는 것은 그곳에 전기에 의한 위치에너지가 저장되었다는 의미입니다. 왜냐하면 마찰 전기의 전기에너지는 곧 전기에 의한 위치에너지이고,

이는 마찰하는 물체가 가지고 있던 운동에너지가 전기에너지로 바뀐 것으로 볼 수 있습니다.

또 하나의 자연 현상은 번개와 천둥입니다. 번개와 천둥도 양전하와 음전하의 마찰에 의한 전기 현상입니다. 장마철같이 폭풍이 몰아치면 아주 빠른 상승 기류가 생겨 먹구름 속에서 물방울과 작은 얼음들이 부딪치며 마찰을 일으킵니다. 이 마찰로 전자가 물방울에서 얼음으로 옮겨갑니다. 이 과정에서 가벼운 얼음 결정은 구름 위쪽으로 오르고 무거운 물방울은 아래쪽으로 내려갑니다. 이때 전하가 분리되어 있는 구름, 번개구름이라 불리는 뇌운(雷雲)이 만들어집니다. 그 결과 구름 위쪽은 양전하를, 구름 아래쪽은 음전하를 띠는데, 둘이 만나 순간적으로 강력한 전기를 만드는 것을 번개라고 합니다.

이런 뇌운의 전하가 방전하는 현상을 뇌방전(雷放電)이라고 하고, 전하가 이동하는 방전 통로에는 태양 표면의 온도보다 약 4배 이상 뜨거운 2만 7,000℃ 정도의 열이 발생합니다.

이때 방전 통로의 압력이 상승하여 주변 공기가 급속히 팽창하면서 충격파음이 발생하는데 이 커다란 소리가 바로 천둥입니다. 즉 뇌방전 시 방전 통로의 높은 에너지가 소멸되는 과정에서 빛과 소리의 형태로 변환되는데 이때의 불빛이 번개이고, 소리가 천둥인 것입니다.

번개가 이런 전기 작용이라는 사실을 실험으로 증명한 사람이 바로 미국 100달러 지폐에 등장하는 벤저민 프랭클린입니다. 벤저민 프랭클린은 피뢰침을 발명한 발명가이자 미국 독립선언서를 쓴 정치가며 외교관이자 과학자, 사업가이기도 했습니다.

이렇게 우리는 전자가 이리저리 이동하는 자연과 물건들에 둘러싸인 전기 문명 시대를 살고 있습니다.

인문학적 반도체_어원과 철학자

어원을 알면 재미있습니다. 글자의 의미를 더 잘 알 수 있을 뿐 아니라 옛사람들의 생각도 읽을 수 있기 때문입니다.

전기(電氣)를 뜻하는 전(電)은 신(神)의 원래 글자인 신(申)에서 나온 말입니다. 신(申)은 갑골문에서 '번개'를 뜻합니다. 양전하와 음전하의 마찰로 하늘에서 번쩍하는 빛을 보고 고대 중국인들은 더 없는 숭배의 대상으로 삼았습니다. 여기에 제사를 뜻하는 시(示)가 들어가 신(神)으로 변했습니다. 번개는 주로 비가 올 때 나타납니다. 그래서 하늘에서 비가 내리는 모습을 그린 우(雨)가 더해져 전(電)이라는 글자가 되었습니다.

반면에 전기를 뜻하는 영어 단어는 'electricity'입니다. electricity는 electric의 명사형이고, 이 단어는 라틴어의 electrum에서 유래했습니다. 라틴어의 electrum은 그리스어 elektron에서 왔구요.

그리스어로 elektron은 호박(琥珀)을 뜻합니다. 먹는 호박이 아닌 보석 호박입니다. 고대 그리스인들은 송진 등과 같은 나무 기름이 땅속에서 돌처럼 단단하게 굳어져 만들어진 호박(琥珀)을 문지르면 정전기가 생긴다는 관찰을 통해 호박에서 '전기'라는 개념을 떠올렸습니다.

물체를 문질렀을 때 발생하는 정전기와 같은 마찰 전기를 처음 발견한 사람은 기원전 6세기에 고대 그리스의 철학자 탈레스입니다. 탈레스는 나무의 진이 화석화돼 만들어지는 보석인 호박을 양가죽으로 문지르면 작은 물체를 끌어당긴다는 사실을 알아냈습니다.

탈레스(Thales)는 흔히 '철학의 아버지'로 불립니다. 그는 '만물의 근원은 물'이라는 주장했습니다. 4차 산업혁명 시대의 우리에게는 만물의 근원이 물이라는 주장은 얼토당토 않은 말로 들립니다. 아마 이 시대에 태어났다면 '만물의 근원은 전자'라고 주장했겠지요. 그런데 그가 철학의 아버지가 된 이유가 뜻밖에도 이 말에 있었습니다. '만물의 근원은 물'이라는 말은 눈에 보이는 여러 사물과 변화를 넘어 세계는 과연 무엇으로 되어 있는지에 답하는 본질적인 주장이기 때문입니다. 이런 텔레스의 주장과 발견은 일상에 대한 주의 깊은 관찰에 기인합니다. 그는 가능한 한 세상을 객관적으로 관찰하여 만물의 근본 원리를 찾기 위해 '철학적 사고'를 했습니다. 심지어 우주의 이치를 알기 위해 하늘을 보며 걷다가 자기 발밑의 웅덩이를 보지 못해 넘어져 하녀로부터 "우주의 이치를 탐구한다는 분이 발밑의 웅덩이도 못 보다니요!"라는 비웃음도 샀습니다. 발밑의 웅덩이도 보지 못했던 탈레스처럼 철학자란 일상의 세세한 일에는 어수룩하고 둔한 사람입니다. 그러나 철학자는 인생과 세상의 진정한 의미에 대해 성찰합니다. 자신의 존재와 실존의 고민을 통해 타인을 이해합니다.

대학에 떨어진 후 '공부란 무엇인가?'라는 질문에 철학은 멘토가 되어 줍니다.

첫사랑에 실패하여 눈물 흘리며 '사랑이란 무엇인가?'라는 철부지 질문에도 답을 줍니다.

치매로 돌아가신 어머니의 죽음 앞에 '죽음이란 무엇인가?'라며 흐느껴도 위로의 말을 건넵니다. 설악산 봉정암 새벽녘 밤하늘의 무수한 별을 보며 '우주는 어떻게 만들어졌지?'라는 호기심에도 답을 하지요.

먼 옛날 그리스의 철학자가 발견한 마찰 전기가 오늘날에는 우리 삶 속에 신처럼 전기로 흐르고 있습니다. 특이점을 넘어서는 인공지능의 도래가 머지않았다고 미래학자들은 이야기합니다. 현재의 삶에서 전기가 신의 경지에 오른 것처럼 미래에는 인공지능이 신의 역할을 하게 될지도 모르지요. 미래의 신, 인공지능이 '너희들 인간의 존재 이유는 무엇이냐?'라는 섬뜩한 질문에 여러분은 어떤 철학적 대답을 내놓으시겠습니까? 이 시대에도 철학이 필요한 이유입니다.

반도체의 정의

그럼 반도체란 무엇일까요?

반도체는 통상 전기가 흐르는 물질인 철, 전선, 금속 등의 도체와 전기가 흐르지 않는 물질인 나무, 유리, 플라스틱 등 부도체의 중간적 성질의 물질을 뜻합니다.

제가 어렸을 때 재미있게 본 〈마징가Z〉라는 만화영화에 '아수라 백작'이 등장합니다. 반은 남자, 반은 여자인 악당이었죠. 그럼 반도체는 아수라 백작처럼 반은 도체, 반은 부도체인 물질일까요?

반도체를 만화 속 캐릭터로 비유하자면 반도체는 아수라 백작이라기보다는 헐크로 비유하는 것이 더 적절하겠습니다. 헐크는 언제 괴물로 변하지요? 평상시 조용한 성격의 과학자가 화가 나면 즉 열을 받으면 헐크로 변합니다.

반도체도 이와 유사한 물질이라고 설명할 수 있습니다. 반도체란 평상시 부도체와 같이 전기가 흐르지 않다가 특정 환경, 예를 들어 열을 가한다든가 빛을 쏘인다든가 특정 불순물을 주입한다든가 하는 상황을 만들면 전기가 통하는 도체로 바뀌는 물질이라고 할 수 있습니다.

즉 반도체를 한마디로 정의한다면 다음과 같습니다.

"원래는 거의 전기가 통하지 않지만 빛이나 열, 또는 불순물을 가하

면 전기가 통하고 또한 조절도 가능한 물질" 이라고 말할 수 있습니다.

半(반) + 導體(도체)

Semi + Conductor

반도체를 물리적으로 설명하면 다음과 같습니다.

전자는 마치 지구가 태양을 도는 것처럼 일정한 궤도로 원을 그리며 궤도운동을 하고 있습니다. 이런 궤도운동을 하고 있는 에너지 띠(band)가 가전자 띠인데, 전자가 있을 수 없는 금지 띠(band gap)를 넘어 전도 띠로 이동한 전자를 '자유전자'라고 합니다.

양자역학에 따르면 전자는 자신이 가질 수 있는 에너지양이 연속적이지 않고 1, 2, 3 이런 불연속적인 양을 가집니다. 그런데 부도체는 전자가 뛰어넘어야 할 금지 띠의 벽이 매우 높아 큰 에너지를 주어야만 전자가 전도 띠로 이동이 가능합니다. 반면에 도체의 경우 금지 띠의 벽이 낮아 쉽게 전도 띠로 이동할 수 있습니다. 반도체는 금지 띠의 벽이 부도체와 도체의 중간쯤이라고 이해하시면 됩니다.

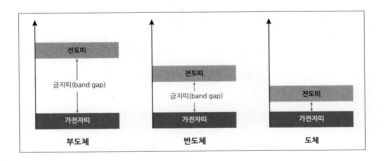

인문학적 반도체_헐크와 스님

과학자인 브르스 배너는 화가 나면 무시무시한 힘을 가진 헐크로 변합니다. 영화에서는 슈퍼히어로 중 한 명으로 그려지지만, 자신의 마음을 통제할 수 없는 위험하고 불완전한 히어로이지요. 헐크를 좋아하기는 하지만 닮고 싶어 하지는 않는 이유는 대부분 사람들도 화가 나면 자기 자신을 통제하지 못하기 때문입니다.

화란 무엇인가요? 일묵 스님은 '화는 대상을 싫어하는 특성이 있는 모든 마음'으로 정의합니다.

그래서 화는 분노, 짜증, 슬픔, 허무, 우울, 공포, 불안, 악의, 절망, 스트레스 등 다양한 형태로 나타납니다.

화를 내면 헐크처럼 몸이 변하는 것이 아니라 정신적으로 불만족한 마음으로 변하는 것입니다.

자신이 화가 났는지 알려면 몸이 녹색으로 변하고 바지가 찢어진 나를 보는 게 아니라 자신의 현재 마음이 슬픈지, 무서운지, 불편한지를 알아차려야 하는 것입니다.

불교에서는 화의 원인이 탐, 진, 치(貪瞋癡)라고 불리는 3독(三毒)에서 나온다고 합니다. 즉 화의 원인은 탐욕이며 탐욕의 원인은 어리석음입니다. 화의 뿌리인 어리석음은 지혜의 칼날로 끊어 버려야 합니다.

부처님이 죽림정사에 계신 어느 날, 한 브라만이 와서 붓다에게 마구 소리를 지르며 욕설을 하며 길길이 화를 냈습니다. 붓다를 향해 한참 욕을 하다가 제풀에 잠잠해진 브라만에게 붓다는 말했습니다.

"브라만이여, 그대의 집에 가끔 손님이 방문하면 그대는 손님에게 음식을 대접할 것이다."

"물론이다. 고타마여."

"브라만이여, 그때 그 손님이 음식을 먹지 않으면 그 음식은 누구의 것이 되겠느냐?"

"그야 나의 것이 되겠지."

그러자 붓다는 조용히 이렇게 말했습니다.

"브라만이여, 그대는 지금 나에게 온갖 욕설을 퍼부었지만 나는 그것을 받아들이지 않았다. 그러므로 그 욕설은 그대의 것이 될 수밖에 없다. 브라만이여, 주인이 대접했는데도 손님이 식사를 하지 않은 것과 같이 그대의 욕설을 나는 받지 않고 그대에게 되돌려 주었다."

이렇듯 화가 난 상대방에게 같이 화를 내거나 화를 참는 것이 아니라 지혜로써 벗어나야 합니다.

화를 벗어나는 방법은 무엇일까요? 화의 원인을 알았으니 원인을 제거하면 됩니다.

비트코인에 영끌하여 벼락부자가 되고자 하는 과도한 욕심(탐)이나, 자식이 공부는 하지 않고 허구한 날 게임만 해서 속이 터져 불같이 화를 내거나(진), 세상은 고정되지 않고 끊임없이 변화한다는 제행무상(諸行無常)과 이 세상에 존재하는 모든 사물은 인연으로 생겼으며 변하지 않는 참다운 자아의 실체는 존재하지 않는다는 제법무아(諸法無我)

의 진리를 모르는 어리석음(치)을 없애면 됩니다.

결국은 지혜를 계발해야 하는데 지혜를 증득하기 위한 구체적 수행법 3가지를 소개합니다.

첫 번째는 명상입니다.

화의 종류가 다양한 것처럼 명상의 종류도 호흡 명상, 걷기 명상, 사마타와 위빠사나 등 많이 있습니다. 가장 기본은 호흡 명상입니다.

호흡 명상의 자세는 이렇습니다. 허리를 곧추세워 앉습니다. 가부좌를 틀고 앉으면 좋으나 어려우면 한 다리만 포개 앉는 반가부좌 자세도 됩니다. 그리고 눈을 지그시 감고 손을 가부좌한 다리 위에 살며시 내려놓습니다.

호흡 명상을 하는 장소는 가급적 조용하고 혼자만 있을 수 있는 곳인 자신의 방이 좋습니다.

호흡 명상을 하는 시간은 10분에서 30분 사이면 좋고, 아침에 일어나자마자 하는 것을 추천합니다. 짧은 시간이라도 매일 명상을 하는 것이 중요합니다.

호흡 명상을 하는 방법은 입은 다문 채로 숨이 코끝에서 들어오고 나가는 것만 자연스럽게 알아차리면 됩니다. 들숨과 날숨을 알아차리다 보면 얼마 안 가 호흡을 놓치고 별별 다른 생각들이 떠오릅니다. 이때 자신이 호흡을 놓쳤다는 것을 바로 알아차리고 다시 자신의 코끝의 들숨, 날숨으로 돌아옵니다. 또 놓치면 또 돌아오고 또 놓치면 또 돌아옵니다. 호흡을 잘 해야겠다고 애쓰지도 말고 편안한 가운데 오직 자신의 코끝에서 일어나는 호흡만을 알아차리면 됩니다.

호흡 명상은 매일 습관을 들이면 개들도 할 수 있을 만큼 쉬운 수행법이지만, 화를 누그러뜨리는 데 가장 탁월한 효과를 발휘합니다.

지혜로워지는 길 1 _ 명상

두 번째는 자애송(The Chant of Metta) 낭송입니다.

만약 기독교인이라면 성경 독송이며 무신론자라면 자기암시입니다.

자애송은 사무량심(四無量心)에 기초한 노래(Song)입니다. 불교에서 사무량심이란 모든 중생에게 즐거움을 주고 괴로움과 미혹을 없애 주는 자(慈)·비(悲)·희(喜)·사(捨)의 네 가지 고귀한 마음을 뜻합니다.

사무량심의 첫째는 자무량심(慈無量心)으로 생명이 있는 모든 존재가 행복하기를 바라는 마음인 '자애'를 뜻합니다.

둘째는 비무량심(悲無量心)으로 주위에 고통받는 존재들이 고통으로부터 벗어나기를 바라고, 나아가 그 고통을 덜어 주고자 하는 마음인 '연민'을 뜻합니다.

셋째는 희무량심(喜無量心)으로 고통받는 존재들이 고통에서 벗어나 만족하고 행복해 할 때 '함께 기뻐함'을 뜻합니다.

마지막 사무량심(捨無量心)은 차별하는 마음을 버리고(捨) 모든 사람을 평등하게 보며, 자신의 공덕에 집착하거나 싫어하지 않음으로써 얻어지는 '평온'한 마음을 의미합니다.

자애송은 코로나 엔데믹 시대에 힘들어 하는 자신과 이웃들을 돌보는 부처님의 소중한 노래입니다.

> "내가 증오에서 벗어나기를 바랍니다!
> 내가 악의에서 벗어나기를 바랍니다!
> 내가 몸과 마음의 괴로움에서 벗어나기를 바랍니다!
> 내가 자신의 행복을 유지하기를 바랍니다!
>
> 나의 부모님
> 스승들과 친척들, 친구들
> 함께 공부하는 도반들이
> 증오에서 벗어나기를 바랍니다!
> 악의에서 벗어나기를 바랍니다!
>
> 몸과 마음의 괴로움에서 벗어나기를 바랍니다!
> 그들이 자신의 행복을 유지하기를 바랍니다.
>
> 이 사원에 있는 모든 수행자들이
> 증오에서 벗어나기를 바랍니다!
> 악의에서 벗어나기를 바랍니다!
> 몸과 마음의 괴로움에서 벗어나기를 바랍니다!
> 그들이 자신의 행복을 유지하기를 바랍니다!"

지혜로워지는 길 2 _ 자애송 낭송 또는 기도

자애송도 매일 아침이나 자기 전에 낭송하면 좋습니다.

저의 경우 화가 일어날 때 자애송을 세 문장으로 축약하여

"내가 몸과 마음의 괴로움에서 벗어나기를…

나를 아는 모든 사람들이 건강하고 행복하기를….

생명을 가진 모든 존재들이 악의에서 벗어나 평온하기를…"

이 세 문장을 마음속으로 되풀이하면 화가 사라지는 즉각적인 효과를 볼 수 있었습니다.

세 번째는 달리기입니다.

머릿속이 복잡할 때 한바탕 달리고 나면 속이 시원한 경험을 해보신 적 있으신지요?

달리기는 인간의 가장 오래된 원초적 행동입니다. 인류의 역사를 24시간으로 압축한다면 우리는 23시간 40분까지 사냥하고 과일이나 열매를 따 먹는 수렵 채집 생활을 했습니다. 산업화가 된 것은 23시 59분 40초. 디지털 시대로 접어든 것은 자정에서 1초 전 일입니다. 우리의 뇌는 아직까지 아프리카 사바나 초원에 살고 있습니다. 사냥을 하기 위해 달리는 행동은 곧 생존 가능성을 높여 주었고 우리 뇌는 생존을 위해 달릴 때마다 뇌에서 엔도르핀(endorphine)이라는 보상 물질을 내보내는 시스템을 만들었습니다. 지금은 손가락 터치 하나로 배민에서 음식을 배달해 편하게 배불리 먹을 수 있는 세상이지만, 여전히 우리 뇌와 몸은 석기시대에 맞춰져 있습니다. 몸을 움직이지 않으면 뇌는 불안과 공포를 느낍니다. 달릴 때마다 화가 소멸되는 이

유가 바로 이 때문입니다.

　달리기는 특히 우울이나 불안을 감소시키는 데 탁월한 효과를 나타냅니다. 많은 정신과 의사들이 우울증 치료에 달리기를 권유합니다.

　그럼 달리기는 어떻게 해야 할까요?

　명상할 때도 허리를 곧추세워야 하지만 달리기를 할 때도 허리를 곧게 유지해야 합니다. 마치 하늘에서 끈이 내려와 머리를 당겨준다는 느낌으로 허리가 곧추세워졌다고 상상하며 뛰는 것이 좋습니다. 시선은 전방 30m 정도를 주시하며 가슴은 활짝 펴 숨을 충분히 들이마실 수 있게 해야 합니다. 손은 달걀을 쥔 것처럼 가볍게 말아 쥐고 팔을 90도 정도 구부려 자연스럽게 앞뒤로 흔듭니다. 무릎 궤도는 일직선이 되게 하고 발이 착지할 때는 뒤꿈치로 할 수 있고, 발 전체 또는 앞꿈치로도 할 수 있는데 자신이 편한 착지법으로 하면 됩니다. 호흡도 코만 사용해도 되고 입만 사용해도 되고 둘 다 사용해도 됩니다.

호흡
코와 입을 이용하여 최대한 많은 양의
산소를 흡입하고 짧게 내뱉는다.

시선
전방 10~20m를 주시한다.

손
가볍게 파지한다.

고관절
코어근육을 유지하여 고관절의
가동성을 높이는 것이 좋다.

무릎
150~160도 정도

착지
본인이 가지고 있는
자연스러운 착지법을
먼저 시도한다.

머리
똑바로 들어 지면과
수직이 되도록 한다.

팔
90도 각으로 구부려
자연스럽게 흔든다.

등 허리
전체적으로 곧게 편다.

보폭
처음에는 짧은 보폭과
빠른 보속이 좋다.

뒷꿈치
(힐착지)

발전체
(미드풋)

전족부
(포어풋)

지혜로워지는 길 3_달리기

달리는 속도도 자신이 원하는 속도로 천천히 달려도 되고 빨리 달려도 되고, 빨리 달렸다 느리게 달렸다 해도 됩니다. 건강상 큰 문제가 없다면 주 3회 30분 이상, 거리로는 5km 이상 달리는 것을 권장합니다.

달리는 장소는 한강변이나 둘레길이 좋으며, 없으면 근처 공원도 괜찮습니다. 언덕이 있는 장소면 금상첨화고요.

달리기는 화나 불안, 우울을 잠재울 뿐 아니라 주의력, 창의력, 기억력 등 우리의 인지 능력을 향상시키는 마법의 운동입니다. 달리면 몸도 좋아지지만 마음도 편안해지고 머리도 똑똑해지는 일석삼조의 운동입니다.

명상이나 자애송 낭송이 어렵다면 당장 운동화를 신고 원하는 속도로 기분 좋을 만큼 달리십시오.

화는 당신의 속도를 절대 따라올 수 없을 것입니다.

半導體의 半만 알아도 세상을 이해한다

그럼 이런 반도체는 어떻게 변화하고 발전하였을까요?

반도체의 변천은 기준에 따라 여러 가지가 있을 수 있겠으나, 여기서는 반도체에서 사용하는 물질과 트랜지스터, 집적도에 따라 구분하여 살펴보겠습니다.

물질에 따른 변천

우선 반도체에서 사용하는 물질은 크게 **'단일 원소 반도체'**와 **'화합물 반도체'**가 있습니다.

원소 주기율표

여기 원소의 주기율표가 있습니다.

원자들을 최외각 전자의 개수에 따라 분류해 놓은 표를 '주기율표'라고 합니다. 주기율표는 원소들을 원자량 순서대로 나열한 것으로, 화학적 성질이 비슷한 원소가 일정한 간격으로 나타나게 되는데요. 주기율표에서 가로줄은 주기(period), 세로줄을 족(group)이라 부르는데, 같은 세로줄에 있는 원소들끼리는 비슷한 화학적 성질을 나타냅니다. 원소들이 원소 번호순으로 나열되어 있고 1족, 2족, 3족, 4족 등으로 나누어져 있는 것을 보실 수 있습니다. 이 족의 의미가 최외각 전자, 즉 가장 외각을 도는 전자의 수를 의미합니다.

예를 들어서 4족이라고 하면 탄소, 실리콘, 게르마늄 등이 있습니다. 4족에 속하는 탄소, 실리콘, 게르마늄은 원자번호가 모두 다릅니다. 탄소는 원자번호가 6이고요, 실리콘은 원자번호가 14입니다. 더해서 게르마늄은 원자번호가 32입니다. 하지만 이 4족에 속해 있는 모든 원소는 원자번호, 즉 핵 주위를 도는 전자의 개수는 다 다르지만 마지막 궤도에서 돌고 있는 최외각 전자는 모두 4개로 같습니다. 다음에 다시 자세히 설명하겠지만, 최외각 전자가 4개인 실리콘 등에 3족 원소인 붕소(B)나 5족 원소인 인(P)과 같은 원소를 섞으면 전자들의 개수가 적어지거나 많아져서 전기가 흐르게 됩니다.

3족 원소를 도핑한 반도체는 양의 전기를 띤다 하여 포지티브 타입(positive type) 반도체라고 하며 줄여서 P-Type 반도체라고 부르며, 5족 원소를 도핑한 반도체는 음의 전기를 띤다 하여 네거티브 타입(Negative type) 반도체라고 하고 줄여서 N-Type 반도체라고 부릅니다.

단일 원소 반도체란 한 종류의 원소로만 이루어진 반도체이고, 위에서 살펴본 4족에 속해 있는 실리콘과 게르마늄이 대표적인 단일 원소 반도체이며, 실제로는 실리콘이 가장 대표적인 단일 원소 반도체입니다. 게르마늄과 실리콘 반도체를 비교해 보면 모두 다 4족의 공유결합을 하고 있습니다. 게르마늄은 트랜지스터 발견의 실마리가 된 재료이지만 현재 게르마늄 반도체는 거의 사용하고 있지 않습니다. 그 이유는 게르마늄은 지구상에서 양이 적어 가격이 비싸기 때문입니다. 반면 실리콘은 대부분의 집적 회로와 반도체 소자 재료로 가장 많이 사용됩니다. 그 이유는 지구상에서 널려 있기 때문입니다. 실리콘은 우리가 쉽게 볼 수 있는 모래입니다. 따라서 원료를 구하기가 쉽고 온도에도 더 강하고, 반도체 공정에 필수라 할 수 있는 산화막을 만들기에도 손 쉬운 실리콘이 대부분의 집적 회로와 반도체 회로에 사용되고 있습니다. 이러한 것을 단일 원소 반도체라고 합니다.

화합물 반도체는 두 종류 이상의 원소로 이루어진 반도체를 말하며 대표적으로 갈륨비소 반도체(GaAs: gallium arsenide semiconductor), 탄화규소 반도체(SiC)가 있습니다. 화합물 반도체는 지금도 계속 연구가 진행되는 중이며 반도체 전체로는 그 비중이 작습니다. 갈륨비소 반도체는 3족의 갈륨과 5족의 비소를 혼합한 화합물로 실리콘과 다른 여러 특성을 보입니다. 갈륨비소는 실리콘에 비해 전자의 이동 속도가 약 6배 가량 빨라 연산 속도도 6배 빠르다고 할 수 있습니다. 또 트랜지스터 구조가 간단하여 많은 트랜지스터를 집적할 수 있습니다.

250GHz에 이르는 고주파 대역까지 처리할 수 있으며 실리콘과 비교해 동작 시 노이즈가 적은 장점이 있습니다. 무엇보다도 가장 큰 장점은 에너지를 빛으로 발산하는 성질이 있어 태양광 전지라든지 근래 급성장세를 보이는 발광 다이오드(LED)에도 많이 쓰이고 있습니다. LED용 웨이퍼 소재로 갈륨비소(GaAs), 갈륨인(GaP), 갈륨비소인(GaAsP) 등 갈륨 계열의 다양한 화합물이 쓰이고 있는데 이는 서로 다른 색의 LED를 만드는 데 활용됩니다. 단점은 웨이퍼의 크기가 커질 경우 쉽게 깨지는 특성이 있어 50mm 웨이퍼가 주로 쓰이고 가격이 비싼 단점이 있습니다.

SiC 반도체는 탄소와 규소를 1:1로 결합한 화합물 반도체를 뜻합니다. 다이아몬드 다음으로 단단한 특성 때문에 지금까지 반도체 재료보다는 사포나 숫돌 등 연마용 재료로 많이 사용했었습니다. 그러나 같은 두께의 실리콘에 비하여 약 10배의 전압을 견디고 고온에서도 동작하며 전력 소모도 작아 에너지 효율을 높일 수 있어 요즘 전기자동차에 많이 사용되고 있습니다. 2018년 전기차 업체 테슬라의 '모델3'에 SiC 전력 반도체가 최초 양산 적용된 이후, 수요는 급증하는데 반해 기술 장벽이 높고 양산 능력을 갖춘 업체가 많지 않아 세계적으로 공급 부족이 지속되고 있는 반도체라고 할 수 있습니다.

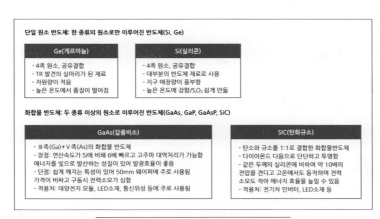

단일 원소 반도체: 한 종류의 원소로만 이루어진 반도체(Si, Ge)

Ge(게르마늄)
- 4족 원소, 공유결합
- TR 발견의 실마리가 된 재료
- 자원량이 적음
- 높은 온도에서 품질이 떨어짐

Si(실리콘)
- 4족 원소, 공유결합
- 대부분의 반도체 재료로 사용
- 지구 매장량이 풍부함
- 높은 온도에 강함/SiO_2 쉽게 만듦

화합물 반도체: 두 종류 이상의 원소로 이루어진 반도체(GaAs, GaP, GaAsP, SiC)

GaAs(갈륨비소)
- Ⅲ족(Ga)+V족(As)의 화합물 반도체
- 장점: 연산속도가 Si에 비해 6배 빠르고 고주파 대역처리가 가능함
  에너지를 빛으로 발산하는 성질이 있어 발광효율이 좋음
- 단점: 쉽게 깨지는 특성이 있어 50mm 웨이퍼에 주로 사용됨
  가격이 비싸고 구동시 전력소모가 심함
- 적용처: 태양전지 모듈, LED소재, 통신위성 등에 주로 사용됨

SIC(탄화규소)
- 탄소와 규소를 1:1로 결합한 화합물반도체
- 다이아몬드 다음으로 단단하고 투명함
- 같은 두께의 실리콘에 비하여 약 10배의
  전압을 견디고 고온에서도 동작하며 전력
  소모도 작아 에너지 효율을 높일 수 있음
- 적용처: 전기차 인버터, LED소재 등

물질에 따른 변천_단일 원소 반도체와 화합물 반도체

트랜지스터에 따른 변천

이번에는 통상 반도체라고 불리는 물건인 **트랜지스터**를 기준으로 반도체의 변천사를 구분해 봅시다.

트랜지스터는 전도성(Transconductance or Transfer)과 배리스터(Varistor: Variable Resistor, 반도체 저항 소자)의 합성어입니다. 낮은 등가 저항을 가진 전류를 높은 등가 저항을 가진 전류로 변환시키는 저항 전달(Transfer resistor)의 기능을 가지고 있다는 뜻으로 명명되었습니다.

트랜지스터는 이와 같이 발이 3개 달려 있는데, 가운데에 있는 발이 스위치 역할을 해서 이곳에 전기신호를 보내 양 옆에 달린 발이 연결되기도 끊기기도 하여 스위치와 증폭작용을 하는 반도체 소자입니다. 전자공학에서 가장 기초적인 부품으로 트랜지스터를 조합해서 AND, OR, NAND, NOR, XOR 등의 논리 게이트를 만들 수 있고, 이 논리 게이트를 다시 조합해서 덧셈 연산기, 기억장치 등을 만들 수 있습니다.

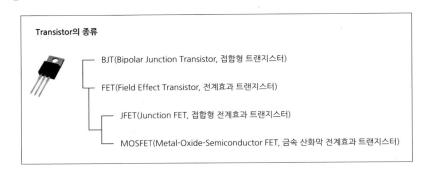

Transistor의 종류

BJT(Bipolar Junction Transistor, 접합형 트랜지스터)

FET(Field Effect Transistor, 전계효과 트랜지스터)

JFET(Junction FET, 접합형 전계효과 트랜지스터)

MOSFET(Metal-Oxide-Semiconductor FET, 금속 산화막 전계효과 트랜지스터)

트랜지스터는 1947년 벨연구소의 월터 하우저 브래튼(W.H. Brattain)과 존 바딘(J. Bardeen), 윌리럼 쇼클리(W. Shockely)가 최초로 만들었습니다. 이를 바이폴라 트랜지스터(Bipolor Transistor)라고 합니다.

1925년 릴리엔필드가 화합물 반도체에 게이트 전극을 꽂아 전류가 흐르는 통로의 폭을 조절하는, 현대의 MOSFET과 같은 동작을 하는 전계 효과 트랜지스터라는 FET을 만들었습니다.

FET은 크게 JFET과 MOSFET으로 구분합니다. JFET은 소자 특성상 크기만 크면 큰 전류도 다룰 수 있고, 진공관과 전류-전압 특성이 유사해 오디오 등의 고출력이 필요한 전자 제품에 주로 사용합니다. MOSFET은 1960년대 벨연구소에서 근무하는 강대원 박사가 모하메드 아탈라(Mohamed M. Atalla) 박사와 함께 세계 최초로 만들었습니다. 이 기술은 다시 PMOS만 가지고 설계와 제조를 하는 PMOS 기술, NMOS

만 가지고 설계와 제조를 하는 NMOS 기술, PMOS와 NMOS를 상보적으로 연결한 CMOS 기술로 변천했습니다.

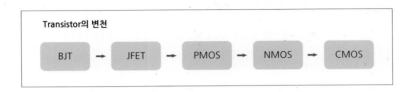

집적도에 따른 변천

집적도에 따라서 반도체를 구분할 수도 있습니다.

아시겠지만 트랜지스터가 처음 발명되었을 때는 진공관을 대체하는 엄청난 집적 효과가 있었습니다. 집적 회로 (IC: Integrated Circuit)는 전기 회로를 구성하는 저항, 축전기(capacitor), 다이오드, 트랜지스터 등을 하나의 작은 기판 위에 함께 모아 놓은 복합적 전자 회로를 의미합니다. IC는 1958년 TI의 잭 킬비(Jack Kilby)가 게르마늄(Ge) 반도체를 이용하여 제작에 성공하였습니다. 당시 페어차일드 반도체에 근무하던 로버트 노이스(Robert Noyce)도 같은 개념을 가지고 실리콘 기판상에 알루미늄 라인을 이용하여 반도체 소자를 집적하는 데 성공하였습니다. 로버트 노이스는 1968년 고든 무어(Gordon Moore)와 공동으로 인텔을 설립한 사람입니다. 2000년에 잭 킬비는 IC를 발명한 공로로 노벨 물리학상을 수상하였습니다. 이 IC는 그 집적된 트랜지스터의 개수에 따라 LSI

(Large Scale IC), VLSI (Very Large Scale IC), ULSI(Ultra Large Scale IC)로 발전해 왔습니다. 즉 얼마나 많은 트랜지스터, 저항, 캐패시터가 집적되어 있느냐에 따라 구분하는 것인데 요즈음에는 잘 쓰이지 않는 구분 방식입니다. 요즈음은 가장 작은 트랜지스터 크기, 더 정확히 말하면 Poly, 즉 가장 작은 MOS의 길이(length)인 디자인 룰로 구분하는 경우가 더 많습니다. 디자인 룰에 대해서는 다음에 더 자세히 설명하겠습니다.

 삼성전자 비메모리 사업부 명칭이 시스템LSI사업부로 변경되었는데, 이에서 볼 수 있듯이 IC는 IC, LSI, VLSI, ULSI를 통칭하는 용어로 쓰인다고 보시면 되겠습니다.

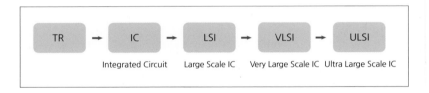

半導體의 半만 알아도 세상을 이해한다

　사람을 분류하려면 어떤 식으로 분류할까요? 가장 손쉽게는 남자, 여자로 분류할 수 있겠죠. 또는 피부색인 황인종, 백인, 흑인으로도 분류할 수 있을 겁니다. 또는 한국인, 일본인, 미국인 등 국적을 가지고 분류할 수도 있겠고요. MZ세대니 586세대니 하는 나이로도 분류가 가능합니다. 이와 같이 사람을 분류하는 방법은 그 기준에 따라 매우 다양합니다.

성별에 따라

피부색의 따라

국적에 따라

다양한 기준의 반도체 분류

　이와 유사하게 반도체를 분류하는 방법도 여러 가지가 있습니다.

　첫 번째로 반도체를 구분하는 방법은 앞에서 이야기한 **단일 원소 반도체**와 **화합물 반도체**로 구분할 수 있습니다.

　두 번째로 **아날로그 반도체**와 **디지털 반도체**로 구분할 수도 있습니다.

아날로그 반도체는 일상생활에서 발생하는 빛, 소리, 압력, 온도 등 아날로그 신호를 IT 기기가 인식할 수 있도록 디지털 신호로 바꾸거나, IT 기기가 처리한 결과 값을 인간이 인식할 수 있는 아날로그 신호로 바꿔 주는 역할을 합니다. 스마트폰 카메라 모듈에 사용되는 이미지 센서(CIS)와 휴대폰을 사용하지 않을 때 전원을 자동으로 차단하는 전력관리 칩, 화면을 터치하면 해당 기능이 실행되는 구동 칩 등이 대표적인 아날로그 반도체입니다. 반면에 디지털 반도체는 디지털 신호인 0과 1을 연산 처리해 시스템의 기능을 제어하는 반도체를 말합니다. PC와 스마트폰에서 사람의 두뇌와 같은 역할을 하는 애플리케이션 프로세서(AP), 중앙처리장치(CPU)가 대표적인 디지털 반도체입니다.

---

1. 단일 원소 반도체와 화합물 반도체

단일 원소 반도체: 한 종류의 원소로만 이루어진 반도체(Si, Ge)
화합물 반도체: 두 종류 이상의 원소로 이루어진 반도체(GaAs,SiC)

2. Analog 반도체와 Digital 반도체

아날로그 반도체: ADC, DAC처럼 아날로그 신호를 디지털로, 디지털 신호를 아날로그로
　　　　　　　　변환시켜 주는 반도체

디지털 반도체: 디지털 신호인 0과 1을 연산 처리해 시스템의 기능을 제어하는 반도체

세 번째로 **범용 반도체**와 ASIC이라고 하는 **주문형 반도체**로도 나눌 수 있습니다.

범용 반도체란 다양한 기기에 공히 사용되는 반도체로 대표적으로 메모리가 있습니다. 메모리는 PC에도 들어가고 휴대폰에도 들어가

고 세탁기, 냉장고 등 다양한 곳에 사용됩니다. 그리고 MCU (Micro Controller Unit)라고 하는 제어를 주기능으로 하는 반도체나 DSP(Digital Signal Processor) 같은 반도체도 그것을 구동시키는 firmware만 바꾸어 주면 냉장고, 자동판매기, 전기밥솥, 디지털카메라 등에 사용될 수 있습니다. ADC, DAC도 아날로그 신호를 디지털 신호로 바꾸어 주는 분야에서는 마이크, 스피커, 디지털카메라 등 어디나 사용되어 범용 반도체로 분류할 수 있습니다.

범용 반도체와 대비되는 개념은 주문형 반도체인 ASSP/ASIC 반도체를 의미합니다.

ASSP나 ASIC라는 이름에서 알 수 있듯이 특정 분야에서만 사용되는 반도체 칩입니다. 예를 들어, MPEG Codec은 Moving Picture Expert Group이라는 동영상의 국제 표준을 만드는 단체에서 만든 멀티미디어 규격으로 비디오와 오디오를 압축·복원하는 칩인데, 이 MPEG Codec을 전기밥솥에 넣어 밥을 지을 수는 없고 세탁기에 넣어 빨래를 할 수도 없겠지요. MPEG Codec 칩은 MP4 동영상을 보고자 하는 응용 분야에서만 필요합니다. 즉 **ASIC**(Application Specific IC)이란 **단일 사용자를 위해 주문 제작된, 특정 응용 목적으로 사용되는 모든 반도체 집적회로** 제품을 일컫습니다. 주문 제작된 IC를 한 명의 사용자가 아닌 여러 고객이 사용하게 되면 더 이상 AISC으로 보지 않고 ASSP(Application Specific Standard Product)라고 부릅니다. ASIC은 제품의 용도 및 특성상 필연적으로 다품종, 소량 생산을 해야 하는데 NRE라고 하는 초기 개발 비용을 절감하기 위해 다양한 설계 방식이 도입되었습니다.

ASIC은 설계 방식에 따라 다음과 같이 분류하기도 합니다.

완전 주문형 IC는 사용자 주문 그대로 처음부터 회로를 설계하여 만든 것으로, 설계 및 Layout을 일일이 수작업으로 디자인하여 전기적 성능과 실리콘 면적의 사용도를 극대화할 수 있습니다. 반면 설계시간이 많이 걸리고, 고급 설계 인력이 필요하고 NRE 비용이 많이 드는 단점이 있습니다.

반 주문형 IC는 Standard Cell과 Gate Array가 있습니다. Gate Array는 기본적인 게이트(NAND, NOR)들을 여러 개 배열해 놓고 이들 사이의 배선을 연결시켜 IC를 만드는 방식이고, Standard Cell은 미리 설계가 완료된 표준 셀을 조합하여 사용자의 요구에 맞게 설계, 제조하는 IC를 말합니다. 그밖에 PLD와 FPGA는 소규모 생산과 우수한 성능을 요구하지 않는 응용 분야 및 프로타이핑에 사용되는 설계 방식입니다. 특히 FPGA는 트랜지스터와 트랜지스터 간의 연결 관계를 시뮬레이션하는 일종의 설계 시뮬레이션 칩으로 사용될 수 있습니다. 요즘은 AI 연산에 GPU보다 최적화하기 쉬워 FPGA가 새롭게 주목받고 있습니다.

3. 범용 반도체와 ASIC 반도체

□ 범용 반도체(General purpose IC): 다양한 기기에 공히 사용되는 반도체
ex) Memory, ADC, DAC, DSP, MCU 등

□ ASIC 반도체 (Application Specific IC): 특정 분야에만 사용되는 반도체로
ASSP(Application Specific Standard Product)를 포함함
ex) MP3 Codec, MPEG Codec, Controller

* 설계 방식에 따른 ASIC 분류

□ 완전 주문형(Full Custom IC)
- 사용자 주문 그대로 처음부터 회로를 설계하여 만든 것으로, 설계 및 Layout을 일일이 수작업으로 design
● 장점: 전기적 성능과 실리콘 면적의 사용도 극대화
● 단점: 설계 시간이 많이 걸리고, 고급 설계 인력이 필요하고 NRE비용이 많이 듦

□ 반 주문형(Semi-Custom IC)
- Gate Array: 기본적인 논리회로(NAND.NOR)들을 여러 개 배열해 놓고 이들 사이의 배선을 연결시켜
IC를 만드는 방식
- Standard Cell: 미리 설계가 완료된 표준 셀을 조합하여 사용자의 요구에 맞게 설계, 제조하는 IC

□ PLD(Programmable Logic Device)
- 최종적으로 제조한 후에 프로그램되는 IC로, PROM, PLA, PAL등을 말함
● 장점: NRE 비용이 적고, 개발 기간이 짧음. 회로를 즉시 Test할 수 있음
● 단점: 실리콘 면적 사용이 비효율적, 개별 단가가 비쌈

□ FPGA(Field Programmable Gate Array)
- 설계 가능 논리 소자(PLD)와 프로그래밍이 가능한 내부 회로가 포함된 반도체 소자
● 장점: NRE 비용이 적고 프로그래밍에 의해 어떠한 논리함수도 구성할 수 있어 빠르게 설계 프로토타입을
구성할 수 있음
● 단점: 복잡한 설계에 적용할 수 없고, 소비전력이 큼

마지막으로 현재 가장 많이 사용하는 분류 기준인 **메모리 반도체**
와 **비메모리 반도체**로 구분할 수 있습니다. 비메모리 반도체는 다른
말로 시스템 반도체라고도 합니다.

세계 반도체 시장에서 차지하는 비중은 메모리 반도체가 30%, 비
메모리(시스템) 반도체가 70% 정도 수준입니다. 다 아시겠지만 메모리
반도체의 종류인 D램과 낸드 플래시는 우리나라 반도체 회사인 삼

성전자와 SK하이닉스가 세계 시장 점유율의 절반을 넘게 차지하고 있으며, 비메모리(시스템) 반도체는 CPU를 만드는 인텔, 퀄컴, ARM 등의 회사가 있습니다.

메모리 반도체는 정보를 저장하는 기능의 반도체로서 우리가 사용하는 많은 기기에서 볼 수 있는 DRAM, SRAM, ROM, Flash memory 등이 있습니다.

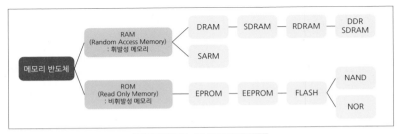

메모리 반도체(출처: 삼성반도체이야기)

메모리 반도체는 크게 RAM과 ROM으로 구분됩니다.

RAM은 정보를 저장하고 저장된 정보를 읽거나 수정할 수 있는 메모리로 전원이 끊어지면 저장된 정보도 사라지기 때문에 휘발성 메모리라고 합니다. 그에 반해 ROM은 전원이 끊겨도 저장된 정보를 보존하기 때문에 비휘발성 메모리라고 합니다. 우리가 RAM이라 부르는 것은 대부분 DRAM(Dynamic RAM)을 말하는데 DRAM은 전류가 흐를 때만 자료를 기록하는 램입니다.

DRAM은 동적 메모리라 불리는데, 데이터를 계속 유지하기 위해 Refresh라는 자료가 지워지지 않도록 일정 주기로 다시 기록해 주는 것이 필요하기 때문입니다. 보통 DRAM은 cell로 구성되어 있으며, 이 cell은 1개의 트랜지스터와 1개의 캐패시터로 구성되어 있습니다. 256GDRAM은 2억 5,600만 개의 cell이 칩 안에 있다는 뜻으로 256Gbit의 데이터를 저장할 수 있다는 의미입니다. 이에 반해 SRAM(Static RAM)은 Refresh가 필요 없는 램으로 안정적인 동작을 하며 DRAM 대비 2배 정도의 빠른 속도가 가능합니다만 가격이 비싸고 전력 소모량이 많은 단점이 있습니다.

DDRSDRAM(Double Data Rate Syncronous Dynamic RAM)은 전압 상승 및 하강 시 메모리의 입출력과 CPU의 메인 클록을 동기화하여 데이터를 고속으로 전송할 수 있는 메모리입니다.

요즘 주목받고 있는 Flash Memory는 전원이 손실되도 데이터가 유지되는 비휘발성 메모리인 ROM의 일종으로 블록 단위로 내용을 지울 수도 있고, 다시 프로그램할 수도 있습니다. 플래시 메모리는 읽기 속도가 빠르며 하드 디스크보다 충격에 강하고 물리적인 충격에도 파괴되지 않는다는 강점이 있습니다. 플래시 메모리는 1980년 도시바의 마스오카 후지오 박사에 의해 개발되었습니다. 플래시 메모리는 NOR형과 NAND형이 있는데 NOR형은 저장 단위인 셀을 '수평'으로 배열한 것으로 읽기 속도가 더 빠르며 데이터의 안정성이 우수합니다. 반면 NAND형은 저장 단위인 셀을 '수직'으로 배열한 것으로 제조 단가가 싸고 대용량의 데이터를 저장할 수 있습니다.

NAND Flash는 데이터를 저장하는 방식에 따라 SLC(Single Level Cell), MLC(Multi Level Cell), TLC(Triple Level cell), 그리고 QLC(Quadruple Level Cell) 4가지

종류로 나누어집니다. SLC는 하나의 데이터가 하나의 셀에 저장되는 방식이고 MLC는 하나의 셀에 2개의 데이터가 저장되는 형태입니다. 따라서 SLC는 빠르지만 데이터를 한 셀에 한 개씩 저장하는 만큼 대용량화하기에는 어렵고 비싸다는 단점이 있습니다. 반면 QLC는 한 개의 데이터를 저장하던 셀을 4등분한 것이기 때문에 이론상 SLC보다는 4배 저렴하다고 볼 수 있죠. NAND Flash는 2D → 3D V-NAND로 점점 더 진화하고 있습니다.

2D 형태에서 3D 형태로 바꾼 이유는 셀 간 간격이 좁아져 전자가 누설되는 현상이 생겼기 때문입니다. 따라서 전자 간 간섭 현상으로 인한 성능 저하를 막기 위해서는 셀 간 간격을 늘려야 하는데, 옆으로 늘리기에는 '집적화'라는 목표를 달성하지 못하게 되니 이와 같이 '위로' 늘린 것입니다.

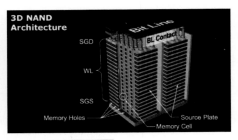

3D 낸드 플래시 구조(출처: 테크인사이트)

단층 구조의 집을 수십 층 아파트처럼 수직으로 쌓아 올린 것이라고 볼 수 있습니다. NAND가 본격적으로 쓰인 곳은 다름 아닌 애플의 아이팟 나노(iPod nano)였습니다. 삼성이 공급하였는데 DRAM에서 쌓은 원가 경쟁력으로 이를 달성할 수 있었습니다. 삼성은 NAND를 잘 만드는 원가 경쟁력과 컨트롤러까지 만들 수 있는 자체 설계 인력을 바탕으로 SSD까지 생산할 수 있어 HDD 시장을 대체하고 있습니다.

비메모리(시스템) 반도체는 시스템 반도체로 요새 더 많이 불리고 있는데 1990년 초에는 앞에서 살펴본 주문형 반도체인 ASIC으로도 불리었습니다. 정보를 저장하는 메모리 반도체와 달리 **시스템 반도체는 디지털화된 전기적 정보**(Data)**를 연산하거나 처리**(제어, 변환, 가공 등)**하는 반도체**를 말합니다.

시스템 반도체는 통상 마이크로컴포넌츠(Microcomponents), 아날로그 IC(Analog IC), 로직 IC(Logic IC), 광학 반도체(Optical Semiconductor) 등으로 구분됩니다.

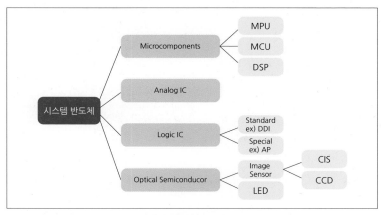

시스템 반도체(출처: 삼성반도체이야기)

마이크로컴포넌츠는 전자 제품의 두뇌 역할을 하는 시스템 반도체로 MPU, MCU, DSP 등이 있으며, 마이컴이라고도 불립니다.

아날로그 IC는 음악과 같은 각종 아날로그 신호를 컴퓨터가 인식할 수 있는 디지털 신호로 바꿔 주는 반도체입니다.

로직 IC는 논리 회로(AND, OR, NOT 등)로 구성되며, 제품 특정 부분을 제어하는 반도체로 DDI와 AP가 대표적으로 있습니다. DDI는 Display Driver IC의 약자로 LCD, PDP 등의 디스플레이를 구성하는 수많은 화소를 구동하는 데에 쓰이는 Chip을 의미합니다.

AP는 Application Processor의 약자로 휴대폰의 두뇌로 불리는 반도체입니다. 모바일 AP에는 CPU, 메모리, 그래픽카드, 저장장치 등 한 개의 칩에 완전 구동이 가능한 제품과 시스템이 들어 있어 시스템 온칩 SoC(System on Chip)이라 불립니다.

AP는 주로 Fabless에서 개발하는데, 대표적으로 퀄컴(Qualcomm)의 MSM 시리즈 '퀄컴스냅드래곤(Qualcomm Snapdragon)', 엔비디아(NVIDIA)의 '테그라(Tegra)' 시리즈, 애플의 'A' 시리즈 등이 있습니다.

모바일 AP는 제조사마다 설계 부분이 조금씩 다릅니다. 하지만 기기 구동에 꼭 필요한 제품과 시스템이 등이 포함된 건 동일하죠. 모바일 AP를 구성하는 블록(Block)과 그 기능을 살펴보면 다음과 같습니다.

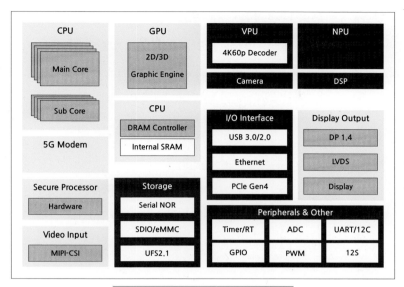

모바일 Application Processor Block Diagram

하나, 데이터 처리를 실행하는 중앙처리장치 CPU

AP의 중앙처리장치 CPU는 컴퓨터의 CPU와 동일한 역할로 명령을 해독하고 산술 논리 연산이나 데이터 처리를 실행합니다. 차이점이 있다면 설계하는 명령어 세트와 명령어 집합인 ISA(Instruction Set Architecture)입니다. 컴퓨터의 CPU는 x86, 모바일 AP의 CPU는 ARM 계열인데요. 탑재되는 기기가 아니라 각각의 방식 자체에 차이가 있어 달리 불립니다. 각각의 계열에 따른 방식을 살펴보면, x86은 CISC(Complex Instruction Set Computer), ARM은 RISC(Reduced Instruction Set Computer)로 나뉩니다.

CISC는 복잡한 명령어를 통해 연산을 하는 방식으로, 반도체를 구성하는 트랜지스터의 직접도가 과다하게 높아 소비전력과 발열 또한 높습니다. 이와 다르게 RISC는 명령어를 최소로 줄여 단순하게 만든 방식으로, 트랜지스터의 직접도가 낮아 소비전력과 발열 또한 낮습니다.

둘, 그래픽 작업을 책임지는 GPU

GPU(Graphic Processing Unit)는 그래픽 작업을 처리하는 장치로 CPU와 함께 가장 복잡한 반도체 중 하나로 꼽힙니다. CPU 설계보다는 간단하지만 벡터 부동소수점 연산 등 3D 그래픽에 필요한 기능은 오히려 CPU를 능가하죠. 스마트폰에서 처리하는 2D, 3D 그래픽 작업을 모두 이 칩셋에서 처리하므로 모바일 AP 성능에 중요한 부분이라 할 수 있습니다.

셋, 인터넷을 연결해 주는 모뎀

3G나 LTE, 그리고 Wi-Fi(802.11a/b/g/n/ac) 인터넷 연결을 가능하게 해 주는 모뎀 칩도 AP에 포함되어 있습니다. 지금까지 공개됐던 다수의 AP 중 퀄컴 스냅드래곤이 모뎀 칩을 AP에 통합했고, 이로 인해 세계에서 가장 높은 점유율의 AP 제조사가 되었습니다. 최근 출시되는 다양한 AP는 기본적으로 모뎀을 내장하고 있습니다. 그러나 휴대폰에 들어가지 않아 통신 기능이 필요 없는 AP들은 이 기능이 불필요하여 모뎀 칩이 없습니다.

넷, 화려한 영상을 볼 수 있는 VPU

공중파를 통해 4K UHD 콘텐츠를 즐길 수 있는 세상이죠. 초고화질 콘텐츠를 재생하기 위해서는 VPU(Video Processing Unit)라 불리는 동영상 재생에 특화된 프로세서의 성능이 중요합니다. VPU의 성능이 뒷

받침될 때 스마트폰에서 4K UHD 영상을 끊김없이 재생할 수 있는데, 최근 다수의 AP 업체들은 VPU를 GPU에 통합하는 방식을 택하고 있습니다.

다섯, 디지털 신호 처리 프로세서 DSP(Digital Signal Processor)

디지털 신호를 빠르게 처리할 수 있는 직접 회로를 말합니다. 주로 오디오, 영상 신호 처리를 위해 사용하는데 그래픽(영상) 처리나 음악(오디오) 재생과 같이 단순한 반복 계산에 특화되어 있습니다. 모바일 AP의 디지털 신호 처리 프로세서 DSP(Digital Signal Processor)는 보통 영상 신호 처리에 높은 비중을 두고 있습니다. 최근 스마트폰에는 모바일 AP 칩 외에 별도의 디지털 아날로그 변환기 DAC(Digital-to-Analog Converter) 칩을 추가해 오디오 성능을 업그레이드하고 있습니다.

여섯, 스마트폰 사진을 찍는 ISP

스마트폰으로 사진을 찍는 경우가 많아지면서 AP에 이미지 처리 프로세서 ISP(Image Signal Processor)가 기본 내장되는 건 그리 특별한 일은 아닙니다. 보통 ISP는 디지털 카메라에 들어가는 이미지 처리 장치를 말하는데 CIS(CMOS Image Sensor) 영상 센서에서 들어오는 RAW 데이터 가공 업무 등 전반적인 이미지 프로세싱 과정을 수행합니다.

카메라 모듈은 광학계와 이미지 센서로 이루어져 '갑툭튀' 카메라의 주범입니다. ISP는 이런 카메라 모듈에서 발생할 수 있는 물리적 한계점들을 보정하고, R/G/B 값들을 보간, 노이즈를 제거합니다. 또한, 영상의 부분적인 밝기를 조절하고, 디테일한 부분을 강조하는 등의 후처리 업무를 수행합니다. 쉽게 말해 ISP는 화질 튜닝 및 보정 과정을 자체적으로 거쳐 사용자가 더 나은 화질과 더 빠른 처리 속도를 체감하게 해 카메라의 만족도를 높여 주는 역할을 합니다.

일곱, 인공지능에 최적화된 프로세서 NPU(Neural Processing Unit)

NPU(Neural Processing Unit, 신경망처리장치)는 딥러닝 알고리즘 연산에 최적화된 프로세서로, 빅데이터를 사람의 신경망처럼 빠르고 효율적으로 처리할 수 있습니다. 이러한 특징 때문에 인공지능(AI) 연산에 주로 활용되는 반도체 블록입니다. NPU가 없던 과거에는 주로 GPU로 AI 연산을 수행했는데, 병렬 처리 하드웨어의 구조적인 차이로 인해 연산 효율이 떨어졌습니다. 그래서 NPU라는 인공지능 신경망 처리 프로세서를 개발하여 AI 연산을 주로 NPU가 담당해 모바일 기기에서도 더 효율적으로 데이터를 처리할 수 있게 됐습니다. NPU는 과거에는 이미지 기반의 객체 검출 등 활용 영역이 비교적 단순했지만, 인공지능 시대로 접어든 최근에는 카메라 화질 개선 및 자동 초점 조정, 실시간 음성 서비스, 자율주행 알고리즘의 실시간 처리 등으로 확대되고 있습니다.

여덟, 블록들을 연결하는 BUS

위에 블록들이 모두 다 BUS로 연결되어야 합니다. 타는 BUS가 아니라 각 블록들을 연결하는 전선 같은 것을 의미합니다. 보통 Digital Chip들은 내부에서 Bus를 통해서 Data가 흘러 다니며, ARM에서 내부 IP들끼리 Bus를 통해서 서로 잘 통신할 수 있도록 Bus Protocol을 제안했는데, 그게 바로 **AMBA**(Advanced Microcontroller Bus Architecture)입니다. 대부분의 회사에서 ARM사의 Core를 쓰니 데이터가 오가는 통로인 BUS도 AMBA BUS를 씁니다.

ARM사의 BUS protocol은 아래와 같이 AHB, ASB, APB, AXI가 있습니다.

AHB는 Advanced High Performance Bus의 약자로 고속으로 동작하는 장치들이 연결되는 버스입니다.

ASB는 Advanced System Bus의 약자로 고속으로 동작하는 것은 AHB와 같지만 주소, 제어, 데이터 라인이 모두 서로 분리되어 있어 Burst로 Data를 전송하기 어려운 측면이 있습니다.

APB는 Advanced Peripheral Bus의 약자로 비교적 느린 속도의 주변장치(Peripheral)에 연결되어 있는 BUS로 전력 소모를 줄이기 위해 간단한 인터페이스를 가지고 있습니다.

AXI는 Advanced eXtensible Interface의 약자로 AMBA3.0 규격에서 추가되었는데 Burst 기반으로 이루어져 고속 동작이 가능하고, Write Response channel이 추가되고 동시에 읽고 쓰기가 가능합니다. 그래서 ARM11 이상의 Core를 사용하는 SoC에서 주 BUS로 사용되고 있습니다.

모든 길은 로마로 통하듯이 BUS든, Core든 ARM을 거쳐야 칩을 만들 수 있을 겁니다.

이 외에도 모바일 AP에는 위치 정보를 위한 위성 항법 시스템 GPS(Global Positioning System)·GLONASS나 음성 신호 처리를 위한 오디오 신호 처리장치 ASP(Audio Signal Processor) 등이 있습니다.

마지막으로 광학 반도체는 빛을 전기신호로 변환해 주거나, 전기신호를 빛으로 변환해 주는 반도체로 CIS(CMOS Image Sensor)나 CCD(Charge Coupled Device), LED가 있습니다.

CCD는 디지털카메라에서 빛을 전기적 신호로 바꿔 주는 광센서(optical sensor) 반도체(semiconductor)로, 일반 카메라로 말하자면 필름을 감광(感光)시키는 기능에 해당되며 CIS와 더불어 디지털카메라의 핵심 반도체입니다.

메모리 반도체, 비메모리 반도체로 구분하기 애매해 또 하나를 추가하면 **개별 소자**(Discrete)입니다. 개별소자는 on-off와 같은 단순 기능을 담당하는 범용적 부품으로, 다이오드나 트랜지스터로 구분합니다. 다이오드는 교류를 직류로 전환하는 정류 기능을 하는 반도체이고 트랜지스터는 BJT, MOSFET과 IGBT 등이 있습니다. 이들은 전력 반도체 소자로도 불립니다. IC로 하면 Power IC, 전력 반도체입니다. PMIC는 전력 변환 및 제어, Control IC는 전압을 컨트롤 하는 반도체입니다.

구분		기능	용도
다이오드		정류 기능을 통해 교류를 직류로 전환	자동차, AV 기기
트랜지스터	Bipolar	- 온저항이 작지만 스위칭 속도가 높음 - 고소비전력 - 미세화 곤란	MOSFET, IGBT로 대체
	MOSFET	- 빠른 스위칭 속도 - 저소비전력 - 미세화 용이 - 고주파에 적합하나 온저항 큼	박형TV, 모터 구동 (효율화로 용도 확대)
	IGBT	- 스위칭 속도 빠름 - 저소비전력 - 미세화 용이 - 고주파 적합, 온저항 작음	백색가전의 인버터, 하이브리드차
Thyristor		특수 정류 작용	용접기, 직류송전, 가전제품

개별 소자 기능 및 용도(출처: 신한금융투자)

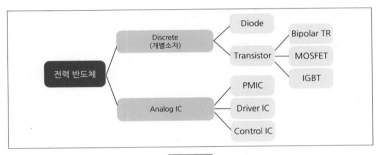

전력 반도체

메모리 반도체와 비메모리 반도체 비교

그럼 메모리 반도체와 비메모리 반도체를 비교해 봅시다.

사업 형태별로 살펴보면, 메모리 반도체는 시스템 반도체보다 설계가 비교적 간단하지만, 소품종 대량생산의 생산 구조라 몇십조 원의 많은 자본이 투입되는 사업입니다. 그러므로 삼성 등 소수의 대기업에서 진행하기 수월한 비즈니스입니다.

핵심 경쟁력은 막대한 설비 투자 및 자본력, 표준품의 대량생산에 필요한 미세 공정 생산 기술 능력, GAA, V-NAND 등 새로운 기술을 통한 가격 경쟁력 등을 들 수 있습니다.

메모리 반도체는 범용 반도체라 수요와 공급에 따라 가격 변동성이 심합니다. 슈퍼 사이클이 있는가 하면 가격이 심하게 내려가기도 합니다. 다행히 2009년 스마트폰의 출시, 2016년에는 데이터센터 설비 투자로 인해 메모리 반도체 수요가 증가하였습니다. 코로나19 팬데믹 때는 비대면, 재택근무가 일상화되어 IT 기기의 수요가 폭발적으로 증가해서 D램 가격이 폭등하기도 했지요. 그러나 올해는 우크라이나-러시아 간 전쟁으로 인한 지정학적 격변, 높은 인플레이션, 환율 변동과 공급망 중단의 영향으로 IT 기기에 대한 수요가 감소하기 시작했습니다. 트렌드포스에 따르면, 올해 2분기 D램 평균 계약가가 전년 동기 대비 10.6% 감소했는데 이는 2년 만에 처음이라고 합니다. 3분기 D램 가격도 전분기보다 21% 하락할 것으로 전망하여 삼성전자, SK하이닉스 등 D램을 생산하는 업체들의 실적에도 악영향을 미칠 것으로 보입니다.

반면 시스템 반도체는 메모리처럼 반도체 물성에 대한 전문성보다 시스템에 대한 이해가 더 중요한 비즈니스 영역입니다. 대부분의 시스템 반도체는 공장을 가지고 있지 않는 Fabless 업체들이 주도하고 있습니다. 시스템 반도체는 다품종 소량생산을 위주로 하므로 중소기업도 우수한 설계 능력만 있으면 시장을 선도할 수 있는 시장입니다.

핵심 경쟁력은 시스템의 운용에 필요한 설계 기술과 우수한 설계 인력, IP 확보가 관건입니다. 시스템 반도체는 대부분 활용 분야가 다양하여 공급이 급격히 증가하더라도 수요 측에서 이를 흡수할 여지가 있는 반면, 메모리 반도체는 수요가 특정 기기에 한정되어 있기 때문에 공급 급증 시 수급 불균형으로 직결되고 있습니다.

또한, 시스템 반도체 시장이 메모리 반도체 시장보다 배 이상 크기 때문에 이 분야를 선도하는 것이 진정한 반도체 시장의 강국이 되는 것입니다.

	메모리 사업	비메모리 사업
설계 측면	- 신공정 기술 개발을 통한 생산 기술 지향 - DRAM 등 표준품 - 공정의 극한 기술 극복 - 최신 공정: 14nm (삼성 DDR5, EUV장비)	- 우수한 설계 인력과 IP를 통한 설계 기술 지향 - ASIC 등 용도별 품목 다양 - 시스템 및 소프트웨어와 조화 - 최신 공정: 3nm(삼성 파운드리, GAA기술)
사업 특성	- 소품종 대량생산 - 대규모 투자 집중 추구 - 대기업형 사업 구조(IDM) - 양산 수율 안정(제조 코스트) - 수요와 공급에 따라 가격 변동성이 심함	- 다품종 소량생산 - 제품의 칩 세트화 구축 - 중소벤처 기업형 사업 구조(Fabless) - 고성능 IP 개발 및 확보(창의적 융합) - 우수한 설계 능력만 있으면 시장을 선도
경쟁 구조	- 선행 기술 개발을 통한 시장 선점 - 중단 없는 설비 투자 관건 - 높은 위험 부담 - 참여 업체 제한적	- 다양한 IP 확보 및 우수한 개발 인력 - 경쟁 시스템과의 기능 경쟁 - 낮은 위험 부담 - 참여 업체 다수 다양

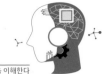

04 반도체의 역사

우리나라 반도체의 역사

제 주변 지인들은 저의 첫 직장이 삼성전자라고 하면 잘 믿지 못하는 눈치입니다. 더구나 반도체 부문에 공채로 입사했다고 하면 더더욱 의심의 눈초리를 보냅니다.

어쨌든 저는 많은 사람의 선망의 대상인 삼성전자에 당당히 합격하여 1994년 초 졸업과 동시에 시스템 반도체 사업부가 있는 부천 사업장으로 첫 출근을 했습니다. 그런데 삼성전자 반도체하면 기흥이나 평택을 떠올리는데 왜 저는 부천 사업장에서 근무했을까요?

왜냐면 삼성전자가 반도체를 처음 시작한 장소가 부천 사업장이기 때문입니다. 더 정확히는 삼성전자가 처음으로 우리나라에서 반도체 사업을 한 것이 아니라, 우리나라 최초의 반도체 기업인 '한국반도체'를 인수하여 사업을 시작했기 때문입니다. '한국반도체'는 모토롤라 연구원 출신인 강기동 박사가 1973년에 부천에 팹(FAB)을 짓고 전자시계용 반도체 칩을 만든 우리나라 최초 반도체 회사입니다. 참고로 삼성전자 부천 사업장은 IMF 때 미국의 Fairchild사에 인수되었다가 몇 년 후 온세미컨덕터가 이 회사를 인수하여 온세미컨덕터코리아가 되었습니다.

반도체가 우리나라 산업 사회에서 본격적으로 주목받기 시작한 것은 1950년 이후부터입니다. 우리나라에서는 1965년 처음으로 반도체 소자가 생산되었습니다. 미국의 코미(Komy) 그룹이 국내에 합작 투자회사를 설립하여 트랜지스터를 조립, 생산한 것이 시초였습니다.

그 후, 정부가 '외자도입법'을 제정하면서 미국의 페어차일드, 시그넥틱스, 모토롤라(Motorola) 등 여러 외국 업체가 국내의 저렴한 인건비와 유능한 기능 인력을 이용해 반도체를 단순 조립하기 위해 계속 들어왔는데, 이것이 우리의 반도체 산업을 신장시키는 밑거름이 되었습니다.

한국 자본이 반도체 산업에 투자를 시작한 건 1968년입니다. 그해 3월 아남산업이 국내 최초로 반도체 조립 산업을 시작했고, 1970년에 금성사가 미국 내셔널세미컨덕터와 기술 공급 계약으로 '금성전자'를 설립했습니다.

1974년 한국 반도체의 아버지로 불리는 강기동 박사가 설립한 ICII와 KEMCO라는 회사가 합작해 '한국반도체'를 설립하여 전자시계용 반도체를 생산했습니다. 한국 최초로 FAB을 처음 만들었지만 오일쇼크로 파산 직전까지 가게 되었고, 이건희 당시 동양방송 이사가 한국반도체 지분을 인수하면서 삼성전자의 반도체 사업이 시작됐습니다.

현대도 1983년 초 '현대전자'를 설립하고 IC를 생산하기 시작하고 '금성반도체'도 1984년부터 마이크로프로세서를 생산하기 시작했습니다.

삼성전자는 시장 수요가 많은 메모리 반도체 중에서 대량생산이 가

능하고 칩 구조가 비교적 간단한 D램을 주력으로 개발하려고 목표를
세웠습니다. 1983년 12월 1일 개발에 착수한 지 6개월 만에 309개 공
정을 자력으로 개발하고 웨이퍼를 생산라인에 투입하며 국내 최초로
64K D램 개발에 성공하였습니다. 1992년에는 '64M D램'을 세계 최
초로 개발하며 메모리 강국인 일본을 추월했고, 1994년에는 256M D
램, 1996년에는 1GB D램 등 연달아 세계 최초 모델을 내놓으며 차세
대 반도체 시장을 주도했습니다. 2000년대 이후 삼성전자는 메모리
반도체 시장에서 세계 1위를 한 번도 내주지 않고 있습니다. D램뿐
아니라 8Gb 낸드가 애플 아이팟 나노에 탑재된 후 NAND 분야에서도
세계 정상을 유지하고 있습니다. 2014년에는 세계 최초로 3D 낸드플
래시인 'V낸드'를 개발하여 세계를 놀라게 하였습니다.

　현대전자는 외환위기 직후인 1999년 LG반도체와 합병하여 일 년
남짓 현대전자와 현대반도체라는 두 개의 법인으로 존재하다가,
2001년 3월 '하이닉스반도체' 이름으로 사업을 이어갔습니다. 그러
다 2000년대 중반 메모리 반도체와 시스템 IC 사업을 분리하여 메모
리 반도체는 하이닉스에서, 시스템 IC는 매그나칩으로 나누어 사업
을 지속했습니다. 2011년 11월 하이닉스를 SK텔레콤이 인수하여
2012년 'SK하이닉스'로 재탄생하여 현재 전 세계 메모리 반도체 시
장 점유율 20%로 2위를 차지하고 있습니다.

　삼성전자와 SK하이닉스가 차지한 전 세계 메모리 반도체 시장 점
유율은 무려 70%로, 사실상 전 세계 메모리 반도체 시장을 독주하고
있습니다.

1960년대부터 반도체 조립 산업을 줄곧 펼쳐 왔던 아남산업은 1990년대 중반 팹 사업에 뛰어들면서 아남반도체라고 사명을 바꾸었고, 2000년대 초반 동부전자와 합병하여 동부아남반도체로 바뀌었습니다. 그때 반도체 조립 사업은 암코(AmKor)라는 회사에 매각하였고 동부아남반도체는 동부하이텍, 현 DB하이텍으로 사명을 변경하고 시스템 반도체 특히 8인치 파운드리 사업에 집중하고 있습니다.

이상으로 우리나라 주요 반도체 회사들의 역사를 간략히 살펴봤습니다.

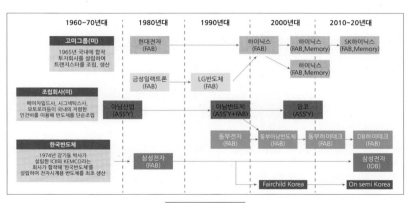

우리나라 반도체 역사

인문학적 반도체_역사와 땔나무

우리나라 반도체 역사를 살펴봤는데, 그럼 '역사란 무엇인가요?'

이는 마치 백수인 저에게 초등학교 아들이 "아빠는 왜 돈을 안 벌어요?'라는 질문처럼 사람을 긴장하게 만듭니다.

제1차 세계대전은 1914년 7월 28일~1918년 11월 11일까지 일어난 유럽을 중심으로 한 세계대전입니다. 전쟁은 아이러니하게도 과학 기술의 발전을 촉발합니다. 1차 세계대전 때 독가스, 기관총, 철조망 등 무시무시한 무기들이 개발되어 서로를 죽고 죽이는 데 사용되었 습니다.

자동차가 널리 사용된 이유도 1차 세계대전 때문입니다.

1차 세계대전 사망자 수는 약 1,000만 명 정도로 추산되는데 그 당 시 운송 수단으로 활용되던 말도 무려 900만 마리가 죽었다고 합니 다. 1차 세계대전 전후로 말이 없어져 버려 어쩔 수 없이 말의 빈자리 를 자동차가 빠른 속도로 채워나갈 수밖에 없는 환경이 된 것입니다.

1865년 영국에서는 세계 최초로 자동차 규제법인 **'적기조례**(赤旗條例)' 를 만들었습니다. "자동차에는 기수 한 명이 반드시 타야 하며 기수 는 붉은 깃발을 흔들며 자동차를 선도해야 한다."라는 규정 때문에 '적기조례'라는 명칭이 되었습니다. 이 법은 자동차의 상용화에 반발 하는 마부들을 달래기 위해 제정되었습니다. 적기조례가 제정될 당 시까지는 빅토리아 여왕의 지지를 등에 업은 마차 업자들이 승리했 지만 시간이 지날수록 마차는 자동차에 밀릴 수밖에 없었습니다.

19세기 초반에 영국에서 있었던 '러다이어트 운동'도 마찬가지입 니다. 당시에 발명된 방직기의 등장으로 사람이 했던 노동을 기계가 빠르게 처리하게 되는데 위기감을 느낀 노동자들이 단합하여 대규 모 기계 파괴 운동을 벌인 '러다이어트 운동'도 기계로 인한 생산성은 무시할 수 없었고 결국 직물 공장은 빠르게 확산했습니다.

아무리 저항해도 역사는 다가오는 미래는 막을 수 없습니다.
그래서 역사를 도도히 흐르는 강물에 비유하는지 모릅니다.

2차 대전 당시 미군은 해군 전투기 생존율을 높이기 위해 전쟁터에서 귀환한 전투기 기체 어느 부위가 적탄을 많이 맞는지를 조사했습니다. 조사 결과는 다음과 같았습니다.

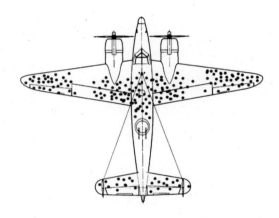

Section of plane	Bullet holes per square foot
Engine	1.11
Fuselage	1.73
Fuel system	1.55
Rest of the plane	1.8

항공기 동체의 평균 피탄 개수

군 장성들은 비행기 동체 어느 부분에 적탄이 많이 맞았는지 조사하여 그 부분에 철갑을 둘러 안전성을 확보하려 했습니다. 철갑을 너무 많이 두르면 비행기의 성능이 나빠지니 취약 부분에만 둘러야 합니다. 당연히 군 장성들은 위 그림에서 붉은 점이 많이 분포된 동체 부분이나 연료계 부분이 취약 부분이라고 생각했습니다. 그런데 컬럼비아대학 통계학 교수였던 아브라함 발드(Abraham Wald)는 가장 총알을 덜 맞은 엔진 부근에 철갑을 둘러야 한다고 조언합니다. 왜냐하면 피탄 분포를 조사한 전투기들은 피탄되고도 살아남아 귀환한 비행기이기 때문입니다. 다시 말해, 피탄이 집중된 부위는 곧 그쪽은 총알에 맞아도 무사히 귀환할 수 있는 부위라는 의미였습니다.

통계학에서는 이 오류를 '**생존 편향**(Survivorship bias)'이라고 합니다. 모집단에서 표본을 추출할 때 편향해서 한 것이지요. 표본 추출은 모집단, 즉 특성을 알고자 하는 어떤 대상의 일부분을 선택하는 것인데 생존 편향은 살아남은 것만 주목하고 실패한 것은 고려하지 않는다는 의미입니다. 이렇게 왜곡된 표본에서는 생존 가능성을 잘못 판단하게 되어 치명적인 결과를 초래합니다.

배민이나 마켓컬리 등 생존하여 성공한 벤처들만 보고 스타트업만 창업하면 대박이 나겠다는 생각으로 덜컥 창업의 길로 뛰어든 저나 자신이 가지고 놀던 장난감을 유튜브에 올려 어린 나이에 떼돈을 번 몇몇 유튜버를 보고 자신의 미래 직업은 유튜버라는 저희 아들이 대표적인 '생존 편향' 오류의 사례입니다.

만약 아프라함 발드라는 명철한 통계학자가 없었다면 2차 세계대전 승리의 여신은 히틀러의 손을 들어주었을지도 모릅니다.

역사에는 만약이라는 가정이 없다는 말에 안도가 되긴 합니다.

1988년은 봄꽃처럼 부푼 꿈을 안고 제가 대학교에 입학한 해입니다. 88학번을 흔히 꿈나무 학번이라고도 불리는데, 그 이유는 88년도에 서울에서 세계인의 축제 올림픽이 열렸기 때문입니다. 선배와의 술자리가 있던 어느 봄날, 저의 얼굴을 물끄러미 바라보던 선배는 "넌 꿈나무가 아닌 땔나무야!"라는 송곳 같은 팩폭(팩트폭격) 멘트로 저의 흑역사의 시작을 알렸습니다.

서울올림픽이 열리던 1988년은 미국, 일본, 유럽 반도체 회사들이 4Mb DRAM 개발 경쟁이 불꽃을 튀는 시기이기도 했습니다. 4Mb DRAM부터는 평면 구조로는 불가능하여 입체 기술을 적용하여 집적도를 높여야 했습니다. 전 세계 반도체 업체가 이 입체 구조를 놓고 고민하기 시작했습니다.

유효 면적을 증가시키는 입체 구조는 크게 트렌치(trench) 방식과 스택(stack) 방식이 제안되었습니다.

웨이퍼 표면을 파내 아래쪽에 새로운 층을 만드는 트렌치 공정은 안전하지만 밑으로 파낼수록 회로가 보이지 않아 공정이 까다롭고 경제성이 떨어지는 단점이 있었습니다.

반면에 대지에 고층 건물을 올리는 것처럼 위로 쌓는 스택 공정은 작업이 쉽고 경쟁성이 있지만 품질 확보가 어려웠습니다.

삼성 내에서도 둘 중 어떤 방식이 좋은지 쉽게 결정을 내리지 못하고 있었습니다.

이때 이건희 회장이 "어떤 방식이 쉽게 분석을 할 수 있는가?"라는 질문에 진대제, 권오현 박사가 "트렌치는 하자가 발생하면 속수무책이지만 스택은 아파트처럼 위로 쌓기 때문에 그 속을 볼 수 있어 검증이 가능합니다."라고 보고합니다. 이 회장은 스택 방식으로 갈 것을 지시합니다.

그 후 시장에서 트렌치 방식을 채택한 진영은 몰락하고 스택 방식을 채택한 회사들만 살아남았습니다.

결과적으로 이건희 회장의 통찰력 있는 결정이 삼성전자를 세계 1위 반도체 기업으로 우뚝 서게 한 초석이 되었습니다.

역사는 미래를 내다보는 혜안을 가진 승자의 역사만을 기억합니다.

대학교 때 이후로 흑역사만 써온 제가 역사를 공부하는 이유입니다.

1장. 반린이 탈출 문제

1. 다음 중 반도체를 영화 속 캐릭터에 비유한다면 가장 적당한 것은?

① 아수라백작 　　　　　② 헐크

③ 아이언 맨 　　　　　　④ 인어공주

▷ 반도체는 원래는 거의 전기가 통하지 않지만 빛, 열 또는 불순물을 가해주면 전기가 통하고 또한 조절도 가능한 물질임으로 평상시에는 얌전한 과학자가 열을 받으면 헐크로 변하는 것으로 비유할 수 있다.

2. 다음 중 대표적인 화합물 반도체인 GaAs는 몇 족 원소로 구성되어 있는가?

① 3, 2족

② 2, 5족

③ 3, 5족

④ 4, 5족

▷ GaAs는 3족 원소인 Ga과 5족 원소인 As로 구성되어 있다.

3. 다음 중 메모리 반도체의 특징으로 보기 어려운 것은?

① 소품종 대량생산 방식이다.

② D램, S램 등 표준 제품 중심이다.

③ 대규모 설비 투자와 자본력이 필요하여 대기업에 유리하다.

④ 용도별로 다양한 품목이 존재하여 경기 변동에 상대적으로 둔감하다.

▷ 용도별로 다양한 품목이 존재하여 경기 변동에 상대적으로 둔감한 것은 시스템 반도체의 특징이다.

4. 낮은 등가 저항을 가진 전류를 높은 등가 저항을 가진 전류로 변환시키는 저항 전달(Transfer resistor)의 기능을 가지고 있다는 뜻으로 명명된 반도체를 Transistor라고 한다. 다음 중 Transistor에 속하지 않는 반도체는 무엇인가?

① MOSFET
② BJT
③ JFET
④ GaAs

▷ GaAs(갈륨비소)는 화합물 반도체의 일종이다.

5. 다음 반도체 분류 중 잘못 짝 지워진 것은?

① 단일 원소 반도체 - 화합물 반도체
② 아날로그 반도체 - 디지털 반도체
③ ASIC 반도체·ASSP 반도체
④ 메모리 반도체 - 시스템 반도체

▷ ASIC 반도체와 ASSP 반도체는 주문자형 반도체를 의미하며 이와 대칭적인 의미로 범용 반도체로 분류한다.

정답 1. ② 2. ③ 3. ④ 4. ④ 5. ③

2

반도체는 어떻게 움직이나?

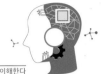

반도체의 반만 알아도 세상을 이해한다

반도체는 어떤 힘에 의해 움직일까요?

세상에는 수많은 힘이 존재하는데 이 수많은 힘은 근본적으로 자연계 기본 4가지 힘의 상호작용에 의해 발생한다고 합니다. 다시 말해 우주에 존재하는 모든 힘들은 자연계 기본 4가지 힘의 상호작용에 의해 만들어집니다.

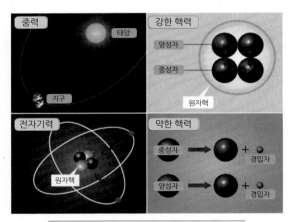

자연의 4가지 기본 힘(출처: KOSMOS 온라인 과학 매거진)

기본 4가지 힘이란 강한 핵력, 줄여서 **강력**(Strong Force), **전자기력**

(Electromagnetic Force), 약한 핵력, 줄여서 **약력**(Weak Force), **중력**(Gravitational Force) 을 의미합니다.

강력이란 태양과 같은 항성이 수소의 핵융합 반응으로 나오는 막대한 에너지를 뜻합니다.

약력이란 우라늄을 이용한 원자폭탄이나 원자력 발전을 할 때 원자핵의 붕괴로 나오는 막대한 에너지를 뜻합니다. 핵융합에 의한 에너지가 핵분열에 의한 에너지보다 에너지 손실이 적어 10배 이상 큰 어마무시한 힘입니다.

중력은 우리가 잘 알고 있는 뉴턴의 사과처럼 지구가 지구상의 물체를 잡아당기는 힘이나 별과 별 사이에 작용하는 인력으로 작용하는 힘을 의미합니다.

중력을 제외하면, 우리들이 경험하고 이용하는 모든 에너지는 전자기력(전자기 상호작용)입니다.

그만큼 전자기력은 우리들의 현실 생활에 매우 밀접하게 관련되어 있습니다.

반도체도 전자기력에 의해 움직입니다.

더 정확히는 반도체를 구성하는 전자의 이동에 의해 움직입니다.

반도체를 움직이는 전자의 신비한 세상에 오신 것을 환영합니다.

1983년 1월 《타임지》 표지에 나온 올해의 인물은 누구일까요? 예, 바로 컴퓨터입니다.

《타임지》에서는 매년 1월, 전년도 한 해 동안 가장 주목받은 인물을 올해의 인물로 선정하는데 《타임(TIME)》지의 편집진은 고심 끝에 55년의 전통을 깨고 '기계'를 '올해의 인물'로 선정했습니다.

그래서 표지 제목도 '올해의 인물(Man of the Year)'이 아닌 '올해의 기계(Machine of the Year)'로 이름 붙여졌습니다.

1983년 《타임지》 표지

이렇듯 1980년대부터 본격적으로 IBM과 Apple이 개인용 컴퓨터를 내놓으며 PC 보편화 시대의 물꼬를 텄습니다.

몇십 년 사이에 급격한 IT 기기의 발명으로 우리는 정말 풍요로운 정보화 세상을 살게 되었습니다. 그 바탕에는 당연히 반도체가 있습니다.

이번 장에서는 이런 반도체가 어떻게 작동하는지 그 원리에 대해 알아보는 시간을 가지겠습니다.

반도체는 전자의 운동으로 전기가 통하는데, 이를 이해하기 위해서는 원자의 작동 원리를 먼저 알아야 합니다.

원자란 무엇인가?

노벨 물리학상을 받은 천재 물리학자인 리처드 파인만(Richard Feynman)은 모든 과학적 지식이 사라지고 단 한 문장만 다음 세대에 전달 할 수 있다면, 가장 적은 낱말로 가장 커다란 정보를 전달할 수 있는 문장으로 다음과 같이 말했습니다.

"모든 것은 원자로 이루어져 있다."

원자는 무엇일까요?

원자는 일상적인 물질을 이루는 가장 작은 단위입니다. 모든 고체, 액체, 기체, 플라즈마가 전부 원자로 이루어져 있습니다. 제 몸도 지금 이 글을 읽고 있는 여러분들의 몸도요.

여기서 원자와 혼동하기 쉬운 개념으로 '원소'를 들 수 있는데, 원자가 물질을 구성하는 가장 작은 입자, 즉 '개수'의 개념이라고 한다면, 원소는 물질을 이루는 기본 성분, 즉 '종류'의 개념이라고 하겠습니다. 원자가 화학적으로 결합한 것이 '분자'입니다.

예를 들어, 수소와 산소가 결합한 물 분자(H_2O)는 원소로는 수소(H)와 산소(O) 두 종류란 의미이고, 원자로는 수소 원자 2개와 산소 원자 1개라는 의미입니다.

현대 물리학의 관점에서 볼 때 원자는 원자핵과 전자로 이루어져 있으며, 원자핵은 중성자와 양성자로 구성됩니다.

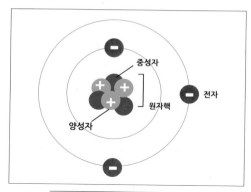

원자의 구조_원자핵(양성자, 중성자)과 전자

　원자의 크기를 축구 경기장에 비유한다면 원자핵은 경기장 한가운데에 놓여 있는 축구공, 전자는 경기장 관람석을 이리저리 돌아다니는 개미 정도 크기에 불과합니다. 즉 원자의 대부분은 신기하게도 텅 비어 있습니다.

　원자의 중심에는 (+)전하를 띤 양성자와 전기적으로 중성인 중성자로 구성된 원자핵이 존재하고 원자핵을 중심으로 (-)전하를 띤 전자가 궤도를 그리면서 돌고 있습니다. 마치 지구가 태양을 둘레로 궤도를 도는 것처럼요.

반도체의 작동 원리

　전자가 돌고 있는 길을 궤도라 하고, 전자가 많아질수록 궤도는 증가하고 바깥쪽 궤도의 전자들은 핵에서 멀어져 약한 핵력으로 인해 이탈이 쉬워집니다.

가장 바깥쪽 궤도를 돌고 있는 전자를 가전자 또는 최외각 전자라고 부릅니다.

반도체의 원재료인 실리콘의 경우 4족 원소라 가전자가 4개입니다. 가장 바깥쪽에서 돌고 있는 가전자는 영향력을 가장 적게 받고 있으므로 어떤 충격(외부에서의 열 또는 빛 등)을 받으면 손쉽게 이탈할 수 있게 됩니다. 이렇게 이탈된 가전자를 자유전자라고 합니다.

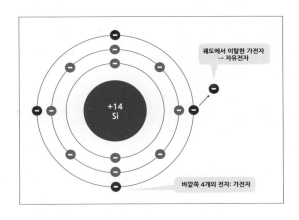

원소는 안정된 상태로 있으려는 특징이 있고 최외각 전자 개수가 8개가 가장 안정된 상태입니다.

따라서 최외각 전자가 4개인 실리콘 단원자는 불안정한 상태라 다른 실리콘 원자 4개와 공유결합을 통해 안정된 상태를 유지하여 전기적으로 안정된 절연체가 됩니다.

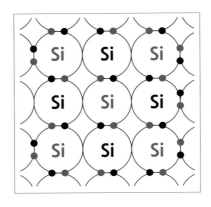

인문학적 반도체_《반야심경》과 색즉시공

이 세상을 구성하는 가장 작은 물질인 원자는 대부분 텅 비어 있습니다. 이렇게 따지면 원자로 구성된 세포도 텅 비어 있고, 세포로 구성된 심장도 텅 비어 있고, 결국 심장과 폐로 구성된 제 몸도 텅 비어 있습니다. '**색즉시공**(色卽是空)'이요 '**제법무아**(諸法無我)'입니다.

물리적 관점에서 봤을 때 내 몸이 없다는 무아는 말이 안 됩니다.

내 두 눈으로 세계인이 환호하는 넷플릭스 드라마《오징어 게임》을 보며 코딱지를 후볐던 손가락으로 감자칩을 맛있게 먹는 입이 엄연히 존재하는데 말이지요. 여기서 무아(無我)란 내가 볼 수 있고 만질 수 있고 맛볼 수 있는 물리적 육체가 없다는 말이 아니라 나[我]라는 고정 불변하는 실체로서의 나가 없다는 말입니다. 내 몸은 현재 이렇게 물리적으로 존재하지만 끊임없이 변화하는 무수한 인(因)과 연(緣)

들의 상호작용 그 이상도 그 이하도 아니라는 말입니다.

《반야심경》은 한국인이 가장 좋아하는 260자의 부처님 말씀입니다. 《반야심경》 260자를 모르는 사람들도 《반야심경》의 한 구절 '색즉시공(色卽是空)'은 한 번쯤 들어 봤을 겁니다. 아니면 색즉시공을 야한 영화 제목만으로 기억하실지도 모르지요.

색즉시공에서 색(色)은 '만질 수 있고 볼 수 있는 모든 유형의 사물'을 뜻합니다. 공(空)은 말 그대로 '없다, 아무것도 없이 텅 비다'로 해석할 수 있습니다. 결국 모든 유형의 사물은 텅 비어 있다는 뜻입니다. 여기서 공의 의미를 다시 깊게 생각해 보면 공은 없다는 의미도 아니고 존재하지 않는다는 의미도 아닙니다. 사물이 공 하다는 색즉시공의 의미는 결국 제법무아의 의미입니다. 사물이 그저 인연에 따라 만나고 인연에 따라 생겨나고 사라지는 것이어서 불변의 실체가

없다는 뜻입니다.

이는 용산 아이맥스 영화관에서 3D 안경을 쓰고 3D 영화를 보면 영화 속 악당이 내 눈앞으로 주먹을 날리는 것 같지만 손을 뻗어 막으려 하면 주먹이 만져지지 않는 것과 같습니다.

색즉시공을 더 자세히 설명한 구절이 '**오온개공**(五蘊皆空)'입니다. 오온은 다섯 가지 무더기라는 의미로 개인 존재를 구성하는 색수상행식(色受想行識)을 뜻합니다.

첫 번째 집합은 색온(色蘊)입니다. 색의 기본적인 의미는 눈, 귀, 코, 혀, 몸의 다섯 신체기관과 이 신체기관이 느끼는 색, 소리, 냄새, 맛, 촉감을 가르킵니다.

내가 눈으로 보는 세상은 진실일까요? 우리가 눈으로 볼 수 있는 존재는 빛의 파장이 약 380nm에서 780nm대의 파장인 가시광선 영역뿐입니다. 인간은 전체 태양광의 절반에 가까운 에너지를 가졌기 때문에 빛이 세고 반사가 강한 가시광선만을 볼 수 있습니다. 그러나 인간이 볼 수 없는 빛이 광대무변하게 펼쳐져 있습니다. 라디오파, 마이크로파, 적외선, 가시광선, 자외선, X선, 감마선 등 빛의 파장과 진동수에 따라 분류됩니다.

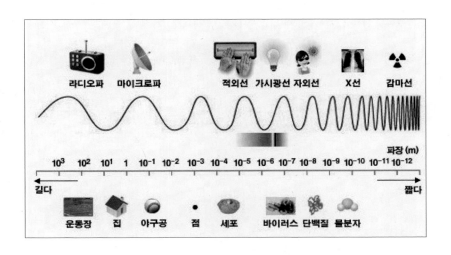

벌은 꿀을 가지고 있는 꽃을 찾기 위해 자외선을 볼 수 있고 개와 고양이, 흰담비, 고슴도치 같은 동물들도 자외선이 수정체를 지나 망막에 도달합니다. 제가 보는 붉은 배롱꽃은 개에게는 노란색 개나리로 보일 수 있습니다. 개는 빨강과 파랑은 구별하지만 빨강과 노랑은 구별하지 못하기 때문입니다.

그럼 개가 보는 자외선 세상과 뱀이 보는 적외선 세상과 개구리가 보는 회색 빛 세상 중 어느 것이 진실일까요? 우리 눈에 보이는 무지개도 진실한 존재가 아니고 개구리가 보는 파리도 진실한 존재가 아닙니다. 세상은 시시각각 변하기 때문입니다. 더불어 내 두 눈은 점점 더 노쇠해 가기 때문입니다. 이 몸은 수많은 세포로 이루어져 있고, 모든 세포는 원자로 이루어져 있습니다. 원자는 전자로 이루어져 있고, 전자와 전자의 거리는 우리의 우주와 다른 우주 사이의 거리와 같습니다.

눈앞에 보이는 형형색색의 사탕에 헐떡이지 말아야 합니다. 존재는 눈에 보이는 사물뿐 아니라 눈에 보이지 않는 사물에도 있습니다. 심지어 아인슈타인은 "눈에 보이는 것은 환상이고 보이지 않는 세계가 진실한 세계다."라고 말했습니다. 그러므로 색은 공입니다.

두 번째 집합은 수온(受蘊)입니다. 수(受)는 색인 몸이 외부로부터 받아들이는 감각을 의미합니다. 드라마 속 전지현을 보고 있으면 눈이 즐겁습니다. 개똥을 치울 때는 개똥 냄새로 코가 괴롭습니다. 맹물을 마실 때는 즐겁지도 괴롭지도 않습니다. 수온은 즐거운 것, 괴로운 것, 즐겁지도 괴롭지도 않은 것 세 가지로 나눌 수 있습니다.

고통이나 즐거움을 느낄 때마다 우리는 그것이 '나'의 느낌이라고 착각합니다. 그러나 이 느낌이라는 것도 고정되지 않고 시시각각 변합니다. 우리의 몸과 외부 세계의 상태가 시시각각 변하고 있기 때문입니다.

인연 조합이 변하면 느낌도 변합니다. 그러므로 수는 공과 다르지 않습니다.

세 번째 집합은 상온(想蘊)입니다. 상(想)은 대상(對象)을 마음속에 받아들이고 그것을 지각하는 마음의 작용을 말합니다. 동일한 대상이라도 개인에 따라 또는 국가에 따라 대상에 대해 형성되는 개념이 다릅니다. 전지현을 보고 미인이라고 하지만, 이 미인의 개념도 국가나 개인에 따라 이해하는 바가 천차만별입니다. 그 어떤 개념도 고정된 것이 아닙니다. 개념은 단지 기호에 불과할 뿐입니다. 그러므로 상은 곧 공이고 공은 곧 상입니다.

네 번째 집합은 행온(行蘊)입니다. 행(行)은 실제 행동한다는 뜻이 아니라 마음의 의지 작용을 의미합니다. 행온의 작용으로 카르마(Karma)라고 하는 업력(業力)이 생겨납니다. 업력을 일으키는 행온이 발생하면 행온에 대한 집착을 버려 인과의 윤회에서 빠져나와야 합니다. 내가 행하는 것은 사실 실재하는 내가 행하고 있는 것이 아니라 억겁을 거쳐 쌓인 업력이 모여서 작용을 일으키는 것임을 깨달아야 합니다. 그러므로 행은 공으로 돌아가야 합니다.

마지막 다섯 번째 집합은 식온(識蘊)입니다. 식(識)은 모든 현상을 의식하고 분별하는 마음의 총체를 가리킵니다. 식은 아는 마음으로 분별, 식별, 인식을 주도하기 때문에 심왕(心王)이라고도 합니다. 문제는 대상을 자기식대로 인식하여 분별하는 데 있습니다. 고정되고 실체적 존재하지 않는 대상을 크다, 작다, 아름답다, 추하다고 자기식으로 분별합니다. 지금 탁자 위에 놓여 있는 사과는 배에 비해서는 작지만 귤에 비해서는 큽니다. 그럼 이 사과는 큽니까? 작습니까? 고정된 실체라고 할 것이 없는 대상을 분별 짓는 식온에서 벗어날 때 괴로움이 사라집니다. 그러므로 식은 공이고 공은 곧 식입니다. 인연이 생겨나면 의식도 생겨납니다.

한자로 나 아(我)는 항상 손[手]에 창[戈]을 들고 자신을 방어하는 사람이라는 의미입니다. 나를 내세울 때 세상은 폭력적으로 변합니다. 세상의 모든 싸움은 모두 우리가 '나'에 집착하여 헤어 나오지 못하기 때문에 일어납니다.

불변의 자아는 없습니다.

불변의 진리는 없다는 말이 유일한 진리인 것처럼 시시각각 바뀌는 제행무상(諸行無常)의 공간에 제법무아(諸法無我)의 존재자로서 살아가야겠습니다.

《반야심경》의 마지막 구절을 끝으로 글을 마칩니다.

'아제아제바라아제바라승아제모지사바하
(揭諦揭諦波羅揭諦波羅僧揭諦菩提娑婆訶)'

제다이에게 '포스'가 함께하듯이 당신에게 '지혜'가 함께하시길…

02 N형 반도체 / P형 반도체

半導體의 半만 알아도 세상을 이해한다

N형 반도체 / P형 반도체

반도체는 진성 반도체(instrinsic semiconductor) 와 불순물 반도체(impurity semiconductor)로 나눌 수 있고, 불순물 반도체는 불순물의 종류에 따라 N형 반도체와 P형 반도체로 구분합니다. 진성 반도체는 앞에서 살펴본 실리콘과 게르마늄의 한 가지 원소의 단결정으로 만들어집니다.

순수 반도체인 진성 반도체(intrinsic semiconductor)는 원자핵에 결합되어 있는 전자가 움직일 수 없기 때문에 전류가 흐르지 않습니다.

진성 반도체에 특정 불순물을 첨가하여 전자(electron)나 정공(Hole)의 수를 증가시켜 전기 전도도를 조절할 수 있는데, 이러한 반도체를 외인성 반도체(Extrinsic) 혹은 불순물 반도체라고 합니다.

4족 원소인 실리콘 단결정(순수 반도체)에 최외각 전자가 5개인 인(P), 비소(As) 등 5족 원소를 불순물로 첨가하면, 실리콘 원자와 공유결합 후 전자가 남는 상태, 즉 잉여 전자가 생깁니다. 이 상태에서 실리콘 결정에 전압을 걸어 주면 제자리를 못 찾은 잉여 전자는 자유전자가 되어 전류가 흐르는 것입니다.

5족 원소가 추가된 반도체는 전자가 전하를 나르는 캐리어(carrier)로 동작하기 때문에 전자의 극성을 따서 **N형, Negative형 반도체**라고 합니다.

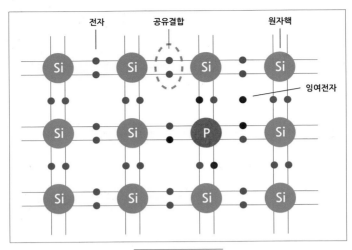

전자 공유결합 원자핵

잉여전자

N형 반도체의 격자 구조

또한, 5족의 불순물은 전자를 제공하는, 즉 donate 하는 역할을 하기 때문에 donor라고 부릅니다.

도너의 개수와 전자의 개수는 거의 같으므로 도너의 양이 많아지면 전자의 수도 늘어나게 되고 따라서 전류를 보다 쉽게 흘릴 수 있게 됩니다.

이와 같이 미량의 불순물 양에 따라 전류 전도도를 쉽게 바꿀 수 있는 것이 반도체의 가장 큰 장점입니다.

N형 반도체의 다수 캐리어(carrier)는 전자, 소수 캐리어는 정공(hole)입니다.

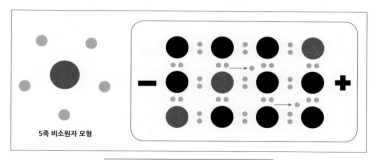

5족 비소원자 모형

N형 반도체의 전류 흐름(출처: 삼성반도체이야기)

이와 다르게 4족 원소인 실리콘 단결정(순수 반도체)에 최외각 전자가 3 개인 붕소(B) 등 3족 원소를 불순물로 첨가하면, 실리콘 원자와 모두 공유결합 후 전자가 비어 있는 상태, 즉 정공(hole)이 생깁니다. 이 상 태에서 실리콘 결정에 전압을 걸어 주면 정공이 이동하면서 전류가 흐르는 것입니다. 이 경우 정공은 양전하를 띠고 있는 것처럼 행동하 기 때문에 이와 같은 반도체를 **P형, Positive형 반도체**라고 합니다.

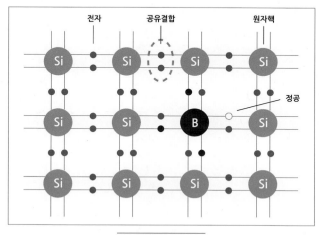

P형 반도체의 격자 구조

3족의 불순물은 전자를 받아들이는 accept 하는 역할을 하므로 accepter라고 부릅니다.

규소 결정에 붕소 원자를 많이 넣을수록 정공이 많아져 전자의 흐름이 용이해집니다. 붕소 원자 1개에서 1개의 정공이 생기므로 붕소 원자가 10개면 10개의 정공이 생기고 1,000개면 1,000개의 정공이 생기는 것입니다.

P형 반도체의 다수 캐리어(carrier)는 정공(hole), 소수 캐리어는 전자입니다.

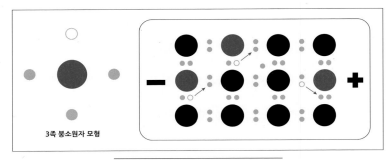

P형 반도체의 전류 흐름(출처: 삼성반도체이야기)

03 다이오드와 트랜지스터

半導體의 半만 알아도 세상을 이해한다

PN 접합 다이오드

그럼 이 둘을 한번 붙여 보면 어떤 일이 일어날까요?

최초의 반도체라 할 수 있는 다이오드는 이렇게 해서 만들어졌습니다.

PN 접합 다이오드는 P-Type 반도체와 N-Type 반도체를 붙여 놓은 것입니다. 이렇게 P-Type 반도체와 N-Type 반도체가 붙은 경계면을 **p-n 접합**(p-n junction)이라고 합니다.

이 두 반도체를 어떻게 붙였을까요? 풀로 붙였을까요? 아니면 납땜으로? 사실은 하나의 실리콘 조각에 한쪽은 P-type 불순물을 다른 쪽은 N-Type 불순물을 주입한 것입니다.

즉 붙인 것이 아니라 원래부터 붙어 있던 한 조각입니다.

앞에서 본 것처럼 P-Type 반도체에서는 정공이 다수 캐리어이고 전자가 소수 캐리어입니다.

반대로 N-Type 반도체에서는 전자가 다수 캐리어이고 정공이 소수 캐리어입니다.

PN 접합 소자에서 P쪽에 (+)극을, N쪽에 (–)극을 연결하는 것을 순방향 바이어스(foward bias)라고 합니다.

그러면 P-Type에 있는 소수 캐리어인 전자와 N-Type의 다수 캐

리어인 전자가 다이오드의 +극 쪽으로 이동해 전지의 +극으로 들어
갑니다.

한편, 다이오드의 −극 쪽에는 N-Type의 소수 캐리어인 정공과
P-Type의 다수 캐리어인 정공이 이동해 역시 전지의 −극으로 들어갑
니다.

이는 자석에서 같은 극끼리는 서로 밀치고 다른 극끼리는 서로 끌
어당기는 것과 같은 이치입니다.

앞서 설명하였지만 전자는 음전하이므로 전류의 방향이 전자의 흐
름과 반대 방향이고, 정공은 양전하라서 전류의 방향이 정공의 방향
과 같습니다.

따라서 전자는 p-n 접합을 넘어 다이오드의 +극 쪽으로 이동하고,
정공은 반대로 −극으로 이동하니까 결국 다이오드의 +극에서 −극으
로 전류가 흐릅니다.

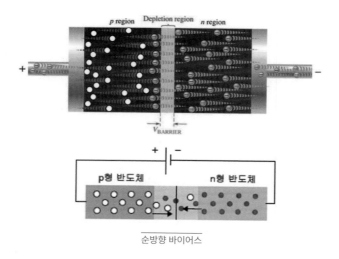

순방향 바이어스

순방향에서의 연결과 달리 P쪽(+) 극에 −전압을, N쪽(−) 극에 + 전압을 가하는 상태를 역방향 바이어스(reverse bias)가 걸렸다고 합니다.

이때의 동작을 살펴보면 다이오드의 +극에서 보면 전지의 −전압이 걸려 있으므로 P-type의 다수 캐리어인 정공이 몰려들고, 다이오드의 −극에는 +전압이 걸렸으므로 N-type의 다수 캐리어인 전자가 몰려들어 가운데는 전자든 정공이든 어떤 캐리어도 존재하지 않습니다.

이 공간을 공핍층(depletion layer)라고 합니다. 즉 다수 캐리어들이 p-n 접합을 건너가지 않고 자기가 원래 있었던 쪽으로 몰려가고 p-n 접합에는 아무런 캐리어들이 넘나들지 않습니다.

즉 전자와 정공이 p-n 접합을 지나가지 않으므로 전류가 흐르지 못합니다. 그래서 다이오드에 역방향 전압이 걸렸을 때는 전류가 흐르지 않아 전기가 통하지 않습니다.

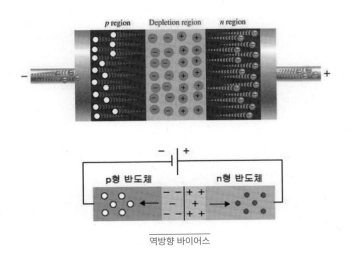

역방향 바이어스

이렇게 P형 반도체와 N형 반도체를 접합하여 만든 것이 **다이오드** (Diode)입니다.

다이오드는 전원장치에서 교류전류를 직류전류로 바꾸는 정류 용도, 라디오의 고주파에서 저주파 음성 신호를 추출하는 검파 용도, 전류의 ON/OFF를 제어하는 스위칭 용도, 빛을 발산하는 표시등이나 조명 용도 등 매우 광범위하게 사용되고 있습니다.

트랜지스터의 발명

마이크로소프트의 빌 게이츠가 "타임머신이 발명된다면 가장 가보고 싶은 과거"라고 말했던 순간은 언제 일까요?

타임머신이 발명된다면 가장 가보고 싶은 과거

바로 현대 정보통신 혁명을 가져온 주인공인 트랜지스터를 개발한 1947년 12월 크리스마스 이브의 벨연구소 실험실입니다.

트랜지스터는 벨연구소 실험실에서 벨랩(Bell lab) 3총사로 불리는 윌리엄 쇼클리, 월터 브래튼, 존 바딘 세 사람에 의해 처음 발명되었습니다. 그리고 그 공로로 1956년 세 사람은 노벨 물리학상을 받습니다.

아시다시피 벨연구소는 최초로 통화 서비스를 시작한 곳인데요.

처음에는 여성 교환원을 두고 통화 서비스를 시작했으나, 인건비가 오르자 자동식 교환기를 도입했습니다. 하지만 자동식 교환기의 주요 부품인 진공관의 고장이 잦고, 통화량이 점점 많아져 본격적으로 연구를 시작해 트랜지스터를 만드는 데 성공하게 됩니다.

왼쪽부터 존 바딘, 윌리엄 쇼클리, 월터 브래튼

트랜지스터 발명 이전의 전자기기는 어떤 모습이었을까요?

현재 우리가 사용하고 있는 컴퓨터의 첫 번째 조상님은 1946년에 개발된 '에니악(ENIAC)'입니다.

세계 최초의 진공관 컴퓨터 에니악(ENIAC), 1946년

에니악은 1만 7,000개가 넘는 진공관을 사용해 작동됐습니다. 진공관은 부피가 큰 부품이었기 때문에 에니악의 크기는 길이 25m, 폭 1m, 높이 2.5m였으며, 무게만 무려 30톤에 달했습니다. 하지만 트랜지스터 개발로 전자 부품 소형화 시대가 열렸고, 전자기기는 현재 사용하는 컴퓨터, 노트북, 스마트폰 등의 크기로 획기적인 몸집 줄이기가 가능해졌습니다. 트랜지스터는 진공관의 1/220의 작은 크기를 가지고 있죠. 만약 트랜지스터가 발명되지 않았다면 지금의 스마트폰 같은 소형 전자 제품은 만나 보지도 못했을 겁니다.

진공관은 필라멘트를 달구어 전자를 빼내는 구조라, 전력을 많이 소모하게 되고 열도 많이 났습니다. 그 반면에 트랜지스터는 수명이 반영구적이며 예열할 필요도 없습니다.

그럼 전자 혁명의 시초가 된 트랜지스터가 어떻게 작동되는지 알아보겠습니다.

PNP형/NPN형 트랜지스터

트랜지스터는 p형 반도체 두 개와 그 사이에 n형 반도체를 끼워 만든 '**pnp형 트랜지스터**'와 반대로 n형 반도체 두 개와 그 사이에 p형 반도체를 끼워 넣은 '**npn형 트랜지스터**'가 있습니다.

사이에 낀 반도체는 매우 얇게 만드는데 수 μm(마이크로미터)에서 수 nm(나노미터)의 두께로 만듭니다. 사람의 머리카락 굵기가 50~100μm이니 사이에 끼워 넣는 반도체의 굵기는 매우 얇은 것입니다.

먼저 트랜지스터의 각 부분의 명칭과 작동 원리를 'pnp형 트랜지스터'를 통해 살펴봅시다.

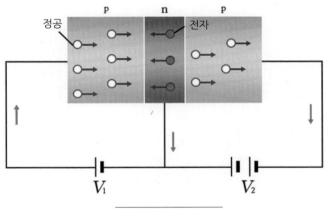

pnp형 트랜지스터 동작 원리

그림 왼쪽의 p형 반도체에는 정공(positive hole)이 있으며 가운데 낀 n형 반도체에는 남는 전자가 있습니다. 왼쪽 회로의 p-n 접합부에 순방향 전압 V1을 걸어 주면 p형 반도체에 있는 정공은 밀려나 오른쪽으로 이동하고, n형 반도체에 있는 전자는 왼쪽으로 이동하여 정공과 전자가 접합면으로 움직입니다. 그렇게 되면 왼쪽 회로에는 전류가 흐르게 되겠지요.

그런데 n형 반도체가 매우 얇다 보니 정공과 결합할 전자가 턱없이 부족하게 됩니다. 이때 오른쪽 회로의 n-p 접합부에 역방향 전압 V2를 걸어 주어 남아도는 정공이 오른쪽으로 건너와 역방향 전압 V2의 (-) 단자에서 공급되는 전자와 결합하여 더 큰 전류가 흐르게 됩니다. 이때 왼쪽 p형 반도체는 정공을 방출하므로 방출한다는 뜻의 이미터(Emitter)라고 부르고, n형 반도체를 건너간 정공을 수집하는 오른쪽 p형 반도체를 수집한다는 뜻의 컬렉터(Collector), 사이에 낀 n형 반도체를 베이스(Base)라고 합니다.

이번에는 npn형 트랜지스터의 작동 원리를 봅시다.

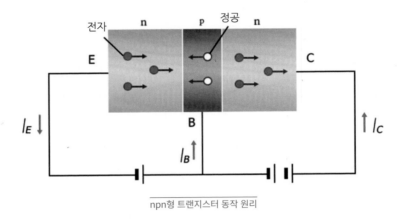

npn형 트랜지스터 동작 원리

pnp형의 작동 원리를 이해했다면 npn형도 금방 이해할 수 있습니다. 다만, 이미터에서 정공을 방출하는 pnp형과는 달리 npn형은 전자가 방출됩니다. 이 전자들은 베이스의 정공과 접합면에서 결합하여 전류가 흐르게 됩니다. 하지만 p형 반도체가 매우 얇아 정공과 결합하지 못한 남아도는 전자들이 컬렉터 쪽으로 넘어가게 되고 컬렉터 쪽에는 베이스 쪽보다 더 큰 전류가 흐르게 됩니다. 이미터에 흐르는 전류를 'I_E', 베이스 전류를 'I_B', 컬렉터 전류를 'I_C'라고 하면 이들의 관계는 $I_E = I_B + I_C$라고 표현할 수 있습니다.

트랜지스터의 베이스는 매우 얇아서 pnp형이든 npn형이든 베이스에 흐르는 전류는 약한 전류가 흐르게 됩니다. 이에 비해 컬렉터에 흐르는 전류는 베이스 전류보다 매우 센 전류가 흐르게 되는데, 컬렉터 전류 I_C는 베이스 전류 I_B에 비례하는 성질이 있어서 다음과 같이 표현할 수 있습니다. $I_C = \beta * I_B$ 이때 β를 전류 증폭률이라고 합니다.

예를 들어, $\beta = 100$이라고 하면, $\beta = I_C/I_B$이므로 베이스 전류가 1mA이면 컬렉터 전류는 100mA이지만, 베이스 전류가 2mA이면 컬렉터 전류는 200mA가 됩니다. 베이스 전류가 1mA만큼 증가할 때 컬렉터 전류는 무려 100mA나 증가합니다. 이처럼 베이스의 작은 전류 변화가 컬렉터에는 큰 변화로 나타나는 것을 증폭작용이라고 합니다. 이러한 원리로 만든 대표적인 기기가 앰프입니다. 마이크가 음성신호를 전기신호로 바꿔주면 이 신호는 앰프를 거쳐 크게 증폭되는데, 앰프 안에 트랜지스터가 있기 때문입니다. 이렇게 증폭된 전기신호는 스피커를 빠져나올 때 다시 음성신호로 바뀌게 되어 우리 귀에 들리게 되는 것입니다.

트랜지스터의 분류

보통 트랜지스터는 접합형 트랜지스터, 즉 **Bipolar Junction Transistor**(BJT)를 의미하며 그 외에 전기장 효과를 이용한 전계 효과 트랜지스터, 즉 **Field Effect Transistor**(FET)가 있습니다. 즉 전압에 의해 발생되는 전기장(electric field) 효과를 이용한 FET가 있습니다. 따라서 BJT는 전류 제어 소자, FET은 전압 제어 소자라고 할 수 있습니다.

트랜지스터의 분류

이를 양극성(兩極性)과 단극성(單極性) 트랜지스터로 나눌 수도 있습니다. 반도체에서 양극(bipolar)이라는 용어를 사용한다면 전자(電子)와 정공(正孔)을 같이, 동시에 따로 움직인다는 의미를 가지며, 단극(unipolar)이라고 할 때는 전자 또는 정공 중 하나만을, 전기 현상을 일으키는 데 배타적으로 사용한다는 의미입니다. 앞에서 NPN, PNP 트랜지스터라고 했던 양극성 접합 트랜지스터(BJT: Bopolar Junction Transistor)는 전자와 정공의 두 전하 운반자(Carrier of electric charge)를 동시에 조정해 주어야 동작했던 트랜지스터였음을 이미 설명했습니다. FET는 단극성 트랜지스터(unipolar transistor)로 분류되어 전자 아니면 정공 중 하나만을 전하의 운반자로 사용합니다.

그러므로 트랜지스터에서 단극(unipolar)이라는 용어가 나왔을 때는 전자나 정공 중에 하나만을 선택해 전기 전도를 위해 선택적으로 이용한다는 의미입니다. FET에서는 N형이나 P형을 전기가 통하는 채널로 이용하기 때문에 N 채널이라고 하면 전자를 전하 운반자로 하는 N형 반도체가 채널을 형성한다는 것이고, P 채널이라고 하면 정공을 전하 운반자로 이용하는 P형 반도체가 채널을 형성한다는 것입니다. 여기서 채널이란 전기가 통하는 길이라고 이해하시면 됩니다.

트랜지스터의 작동 원리

먼저 JFET에 대해 알아보겠습니다.

BJT(양극성 접합 트랜지스터)의 베이스, 컬렉터, 에미터가 서로 붙어(접합, 接合) 있는 것과 같이 게이트, 드레인, 소스가 바로 이웃해서 접합되어 있는 구조를 갖고 있어 이름이 접합형 Junction FET이라는 이름이 붙었습니다.

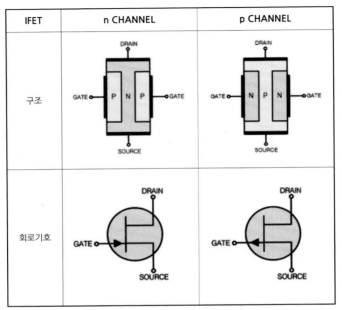

IFET	n CHANNEL	p CHANNEL
구조		
회로기호		

JFET 구조 및 기호

　위 그림은 N CH JFET 구조와 회로 기호, P-CH JFET 구조와 회로 기호를 나타내고 있습니다. 여기서 회로 기호의 화살표 방향은 전자의 이동 방향을 의미합니다. JFET의 동작 원리는 PN 접합 다이오드의 역방향 바이어스를 이용한 GATE의 on-off 방식입니다.

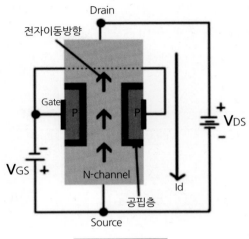

Drain

전자이동방향

Gate

P

P

V_{DS}

+

−

V_{GS}

−

+

N-channel

Id

공핍층

Source

N-CH JFET의 동작 원리

무슨 말인지 이해가 되시나요?

위 N 타입 JFET은 N-CH에 P형 반도체 2개가 양옆으로 삽입되어 있는 형태입니다. FET의 작동 원리는 GATE 부근에 (-)전압이 걸리면 공핍층의 형성으로 게이트가 닫히고, GATE 부근에 전압을 걸지 않으면 공핍층이 사라져 게이트가 열려 전류가 흐르게 됩니다. JFET도 BJT와 같이 N형 반도체로 채널을 만들고 P형 반도체로 게이트를 만든 N 채널 JFET과 그 반대로 P형 채널과 N형 게이트를 사용하는 P 채널 JFET 이 있습니다. N 채널 JFET은 자유전자만에 의해서, P 채널 JFET은 정공만에 의해서 채널에 전류가 흘러 단극성 트랜지스터라고 합니다.

그럼 반도체의 기본 소자라 일컬어지는 **MOSFET**은 어떻게 움직일까요?

MOSFET은 Metal-Oxide-Semiconductor Field-Effect Transistor 의 약자로 게이트 구조를 눈여겨보면 Metal-Oxide-Semiconductor 순으로 적층되어 있고 게이트 구조를 그대로 명칭에 옮겨 적은 것입니다.

MOS FET	Depletion type MOS FET	
	n CHANNEL	p CHANNEL
구조	SOURCE GATE DRAIN 금속 산화막(절연체) N type N type 채널 P type BODY	SOURCE GATE DRAIN 금속 산화막(절연체) P type P type 채널 N type BODY
회로기호	DRAIN GATE SOURCE	DRAIN GATE SOURCE

MOSFET 구조 및 기호

MOSFET은 주로 소스(source), 게이트(gate), 드레인(drain), 기판(Substrate) 이렇게 4단자 소자로 이루어져 있습니다.

MOSFET은 인간이 만든 생산품 중 가장 많이 팔린 제품이라는데 자랑스럽게도 우리나라 사람이 발명했습니다. 1960년 밸 랩에 근무하던 강대원 박사가 마틴 아탈라 박사와 함께 세계 최초로 만들었어요. 그 공로로 강박사는 2009년에 미국 특허청의 발명가 명예의 전당 (National Inventors Hall of Fame)에 올랐습니다.

MOSFET은 BJT와 마찬가지로 NMOS와 PMOS로 구분합니다.

NMOS의 경우 P형 기판에 N형 소스와 드레인을, PMOS의 경우 N형 기판에 P형 소스와 드레인을 형성하여 제작합니다.

NMOS의 경우 전자는 소스를 출발하여 채널을 따라 드레인으로 향하며, 소스로부터 드레인으로 흘러가는 전자의 흐름은 게이트에 의해 조절됩니다. 게이트에 threshold voltage라고 불리는 문턱전압이 기준전압보다 낮은 전압이 걸리면 채널이 형성되지 않아 소스/드레인 간에 전류가 흐르지 않습니다. 그런데 문턱전압보다 높은 전압이 걸리면 실리콘 기판의 게이트 쪽 표면에 충분한 양의 전자가 몰려들어 채널을 형성합니다. 이때 드레인에 소스보다 높은 전압을 걸어 주면 형성된 채널을 통해 전자가 이동하여 전류가 흐르게 되는 것입니다.

따라서 MOSFET은 게이트에 +의 일정 전압(문턱 전압) 이상을 걸어 주면 전류가 흐르고 문턱전압 이하에서는 반전층이 생기지 않아 전류가 흐르지 않습니다.

좀 더 쉽게 설명하면 이렇습니다.

트랜지스터는 쉽게 말해 On일 때 전류가 흐르고 Off일 때 전류가 흐르지 않게 되는 작은 스위치입니다. 이 트랜지스터를 켜는(On) 힘은 전압(Voltage)입니다.

전압을 주어 전류의 통로를 열게 되면, 전류는 그 통로의 전압이 높은 곳에서 낮은 곳으로 흐르게 됩니다. 힘을 주어 수문을 열면 수로의 수압이 높은 곳에서 낮은 곳으로 물이 흐르는 것과 비슷합니다.

트랜지스터는 NMOS와 PMOS 두 가지 Type이 있으며, 트랜지스터의 Si(아래 그림 회색 영역) 중 전압의 절댓값이 높은 영역을 Drain, 낮은 영역을 Source라 합니다.

스위치 형태로 본 NMOS 트랜지스터 구조(출처: 삼성 파운드리)

즉 NMOS의 경우 Gate에 일정 전압을 걸어 트랜지스터를 On 시키면 전압이 높은 Drain에서 전압이 낮은 Source로 전류가 흐르게 됩니다.

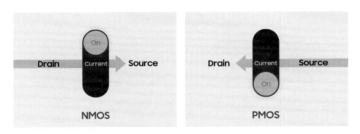

스위치 형태로 본 NMOS 트랜지스터 구조(출처: 삼성 파운드리)

PMOS의 경우 마이너스 전압을 사용하여 NMOS와 반대로 동작합니다. 즉 Gate 전압이 마이너스일 경우 동작하며, Drain의 전압 역시 마이너스로 Source보다 낮아 Source에서 Drain 방향으로 전류가 흐릅니다.

트랜지스터의 전류는 게이트와 Si(회색 영역)의 접합면을 통해 흐르는 데 그 통로를 Channel이라고 부릅니다. 메모리 분야 세계 1위 삼성전자는 그 Channel의 모양에 변화를 주기 위해 구조의 변화를 진행하였고, 아래 그림처럼 크게 3가지의 구조 변화를 이끌어왔습니다.

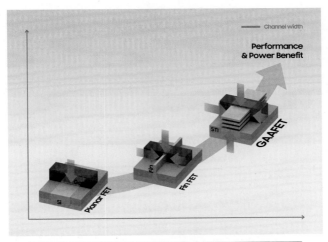

트랜지스터의 구조 변화에 따른 성능과 소비 전력 관계 (출처: 삼성 파운드리)

Channel의 폭은 넓어졌고 면의 개수가 많아지면서 게이트가 Channel을 컨트롤하는 능력도 향상되었습니다.

특히 Planar FET에는 크기가 작아질수록 드레인과 소스의 거리, 즉 Channel의 길이가 짧아져 원치 않는 현상(Short channel effect)들이 발생하는 문제가 있었습니다.

이를 FinFET 구조로 발전시켜 게이트가 그 Channel을 감싸게 만들었고 컨트롤 능력을 향상시켜 해결하였습니다. 또한, Channel 폭을 키워 전류가 흐르는 길을 넓혔고 길이 넓으니 지나는 전류도 많아졌습니다.

더욱이 GAA는 FinFET의 Fin(Si 영역 중 지느러미처럼 위로 솟은 부위)을 옆으로 누인 모양인 Sheet 구조인데, 이 Sheet를 위로 쌓아 올리면서 같은 수평 면적의 트랜지스터에서 더 많은 전류가 흐를 수 있게 하였습니다.

GAA 구조는 아래 그림과 같이 Wire 형태와 Sheet 형태 두 종류가 있습니다.

Nanowire GAA는 Channel 폭의 총합을 넓히기 위해서 많은 층의 Wire를 쌓아야 했고, 이는 공정을 더욱 복잡하게 만들었습니다. 삼성에서는 이를 극복하기 위해 Wire가 아닌 폭이 넓은 Sheet의 형태의 GAA를 개발하여 낮은 동작 전압(Operating Voltage)에서 높은 power 효율을 가진 Nanosheet GAA를 만들었습니다.

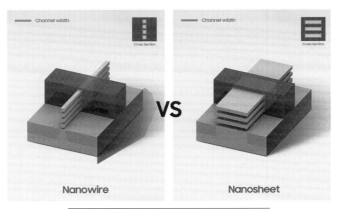

Nanowire와 NanoSheet GAA구조(출처: 삼성 파운드리)

인문학적 반도체_5-Forces Model

이번 장 서두에 세상에는 수많은 힘이 존재하는데 그 힘들은 근본적으로 자연계 기본 4가지 힘의 상호작용에 의해 발생한다고 이야기했습니다.

그런데 이 4가지 힘에 더해 한 가지 힘이 발견되었답니다. 결국 이 세상을 움직이는 원리를 과학적으로 증명할 수 있는 날이 머지않았다고 과학계가 떠들썩합니다.

마케팅에서도 이와 비슷한 이론이 있습니다. 마케팅을 공부하신 분들은 잘 아시겠지만 마이클 포터의 '**5 Forces Model**'이 그것입니다.

저처럼 창업을 생각하시는 분은 자신이 뛰어들 산업에 대한 산업 구조 분석이 필수입니다.

멋모르고 창업을 했다가는 1년 내 망하기 십상이기 때문입니다.

국내 창업 기업의 생존율은 1년 차 때 65.0%에서 시작해 5년 차에는 29.2%까지 떨어지는 것으로 나타났습니다. 창업 기업 3곳 중 1곳은 1년을 버티지 못하고 나머지 1곳도 5년 안에 폐업한다는 뜻입니다.

5 Forces Model은 산업에 영향을 미치는 다섯 가지 힘과 산업 수익률 사이의 관계를 분석하는 방법으로 이 5가지 힘들에 대해 반도체를 예로 들어 살펴봅시다.

I. 산업 내 경쟁

산업에는 일반적으로 다수의 기업들이 존재하고 있지요. 이러한 기업들 간에는 동일한 고객을 대상으로 경쟁이 존재하게 됩니다. 따라서 산업 내 경쟁이 심할수록 산업의 수익률은 떨어지게 됩니다.

산업 내 경쟁에 영향을 미치는 요인은 다음과 같습니다.

ⅰ. 산업의 집중도

산업의 집중도는 시장을 구성하는 기업 수와 관련되어 있습니다. 일반적으로 산업의 집중도가 낮을수록 경쟁적인 시장이며, 산업의 집중도가 높을수록 독과점 시장이 됩니다.

즉 경쟁 기업 수가 적을수록 산업 수익률은 높아집니다. 반도체 EDA 산업의 경우 시높시스, 케이던스, 지멘스(멘토), 이렇게 3개 기업이 대부분의 EDA Tool 시장을 독점하고 있어 이런 기업들의 수익률은 당연히 높습니다. 반대로 이야기하면 산업의 집중도가 낮을수록 산업 내 경쟁이 치열해져 산업 수익률은 낮아지게 됩니다.

ⅱ. 제품 차별화 정도

산업 내의 제품에 차별화가 이루어지지 않아 가격 이외에 경쟁할 만한 이점이 없는 경우에는 가격 경쟁이 심화되어 산업 수익률이 낮아지게 됩니다. 따라서 제품 차별화 정도가 높을수록 산업 수익률은 높아지게 됩니다.

결국 산업 내 넘버원(Number One)이 되기보다 온리원(Only one)이 되는 차별화 전략을 구사해야 합니다.

현재 반도체 장비 업계에서 온리원은 'ASML'입니다. 반도체 7nm 이하의 미세 공정을 위해 필수적인 장비인 EUV 노광 장비를 유일하게 만드는 네덜란드 기업이지요.

대당 2,000억 원이 넘지만 일 년에 많아야 50여 대 정도만 제작이 가능하여 장비 확보를 위해 이재용 부회장도 몇 번 직접 찾아갔던 진정 '갑과 같은 을'입니다.

iii. 경쟁 기업과의 동질성

일반적으로 경쟁 기업과의 동질성이 높을수록 산업 내 경쟁이 치열해지기 때문에 산업 수익률은 낮아지게 됩니다. 그러나 경쟁 기업과의 동질성으로 인해 담합을 추구하는 것이 가능한 경우에는 오히려 산업 수익률이 높아질 수 있습니다.

전자회로에서 전기를 일시적으로 저장하는 장치인 콘덴서(Condenser)라는 반도체 부품이 있습니다.

몇 년 전에 국내에서 콘덴서를 판매하는 9개의 일본 업체가 10년 넘게 담합을 벌였다가 적발돼 수백억 원대의 과징금을 물은 적이 있습니다. 담합이 가능하면 수익률이 높아지지만 그런 경우는 공정거래위원회에 적발되기 십상입니다.

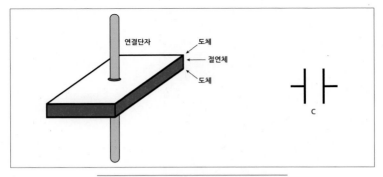

일반 커패시터의 구조 및 기호(출처: 삼성반도체이야기)

iv. 산업 내의 비용 구조

산업 내 비용은 크게 임대료 등 생산량(매출)에 무관한 고정 비용과 원재료 등 생산량(매출)에 따라 변동하는 변동 비용으로 구분할 수 있습니다.

일반적으로 고정 비용이 높을수록 기업은 고정 비용을 회수하기 위하여 생산량을 늘리게 되고, 이로 인해 경쟁이 심화되어 산업 수익률이 낮아지게 됩니다.

그러나 높은 고정 비용이 진입장벽을 형성하는 경우에는 신규 진입자가 없어 오히려 산업 수익률이 높아질 수 있습니다.

v. 철수 장벽

요즈음 코로나로 폐업하는 자영업자들이 많습니다. 그런데 철거 비용 등 부담으로 폐업을 못 하는 경우도 꽤 있습니다. 기업도 마찬가지입니다. 수익이 마이너스라 그 사업을 접고 싶을 때 철수 장벽이 높으면 어쩔 수 없이 해당 산업에 머물 수밖에 없습니다.

따라서 철수 장벽이 높을수록 산업 내 경쟁은 치열해지기 때문에 산업 수익률은 낮아집니다. 철수 장벽의 예로는 특수한 자산, 철수에 따른 고정비 부담, 정부 정책, 감정적인 집착 등이 있습니다.

vi. 초과 생산 능력

일반적으로 기업이 초과 생산 능력을 가지게 되면 비용이 증가하여 산업 수익률이 낮아집니다. 그러나 급격하게 수요가 증가하게 되는 상황에서는 초과 생산 능력이 있으면 오히려 산업 수익률이 높아질 수 있습니다.

예를 들어, 요즘 쇼티지 상황인 전력 반도체를 생산하는 A, B 두 기업이 있다고 합시다.

A기업은 전력 반도체 생산 능력이 100인 반면 B기업은 그 반인 50이라고 가정합시다.

전력 반도체 수요가 꾸준히 100을 유지하면 A기업은 50만큼을 생산할 수 있는 장비와 사람이 놀게 되겠지요. 이렇게 수요가 안정적일 때는 초과 생산 능력이 높으면 산업 수익률이 낮아집니다.

그런데 갑자기 전기자동차 수요가 폭증해 150이 되었다고 하면 어떻게 될까요?

당연히 A기업은 공장을 풀 가동해 100을 생산하여 매출을 올리겠지요. 반면에 B기업은 초과 생산 능력이 없기 때문에 급증하는 수요를 보고만 있어야 합니다.

이렇게 수요가 불안정적일 때는 초과 생산 능력이 높으면 산업 수익률이 높아집니다.

메모리 사업은 수요가 들쭉날쭉하게 불안정하여 경기 사이클을 타는 대표적인 산업이라 삼성전자나 하이닉스 경영진들은 생산 공장인 FAB을 건설할 때 신중에 신중을 기합니다.

II. 신규 진입자의 위협(진입 장벽)

새로운 기업의 진입이 쉬울수록 산업 내의 경쟁이 치열해지기 때문에 산업 수익률은 낮아지게 됩니다. 그렇기 때문에 기존 기업들은 신규 진입을 막기 위해 만리장성을 쌓듯 진입 장벽을 만들기 마련입니다. 진입 장벽이 높은 경우에는 산업 수익률이 높아질 수 있습니다.

진입 장벽의 예로는 아래와 같은 것들이 있습니다.

ⅰ. 자본 소요량

기존 산업에 뛰어들기 위해 어마어마한 투자가 필요하면 경쟁자들이 쉽게 뛰어들기 어렵습니다. 대표적인 예가 현재 삼성이 사활을 걸고 있는 Foundry 사업입니다.

5nm의 미세 공정에 월 35,000장의 웨이퍼를 생산하는 FAB을 짓기 위해서는 200억 달러가 필요하다고 합니다. 이렇게 FAB 하나 짓는데 몇십조 원의 투자가 필요하니 세계 1위 반도체 기업인 인텔도 투자를 망설이는 상황입니다.

자본 소요량에는 FAB처럼 제품 보급을 위해 필요한 자본 외에 마케팅 및 연구개발 비용, 자본 조달 비용 등도 있습니다.

ⅱ. 규모의 경제

규모의 경제란 '생산량이 증가함에 따라 단위당 고정비가 감소하여 단위당 생산 원가가 감소하는 것'을 의미합니다.

이러한 기존 기업의 규모의 경제는 신규 진입 기업이 대규모 시설 투자를 감수해야 해서 진입 장벽의 역할을 합니다.

삼성과 하이닉스가 반도체 치킨게임에서 승리한 원인 중 하나가 규모의 경제 때문이라고들 합니다.

iii. 절대적 비용 우위

그런데 삼성과 하이닉스가 FAB만 더 크고 빠르게 지어, 즉 규모의 경제 때문에 쟁쟁한 경쟁자인 일본 기업들을 물리치고 세계 메모리 사업 1위가 되었을까요?

잠재적인 진입 기업들이 아무리 사업 규모를 늘리고 규모의 경제를 달성한다고 하더라도 기존 경쟁 기업들은 신규 진입 기업이 따라잡기 어려운 비용 구조상 유리한 점을 가지고 있습니다.

가장 대표적인 비용 우위는 독점적인 생산 기술, 유리한 조건의 원자재 확보 등입니다.

반도체에서 수율은 결함이 없는 합격품의 비율을 뜻하며 불량률의 반대말로 이해하시면 됩니다.

삼성은 공정 장비의 정확도와 클린룸의 청정도, 공정 조건, 생산 직원의 노력 등 독점적인 생산 기술에 힘입어 경쟁자를 압도하는 수율을 확보하였습니다.

압도적 수율에 의한 절대적 비용 우위가 삼성전자가 메모리 반도체 세계 1위가 된 또 다른 이유입니다.

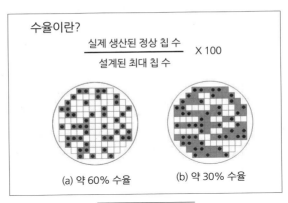

수율(출처: 삼성반도체이야기)

iv. 제품 차별화

제품 차별화는 기존 기업들의 브랜드 인지도가 높고 고객들로부터 이미 신뢰를 확보하고 있다는 의미입니다. 대표적으로 '애플'을 들 수 있겠지요.

이러한 차별화는 기존 경쟁 기업에게는 강력한 경쟁 무기가 되지만, 새롭게 진입을 모색하고 있는 기업 입장에서는 커다란 진입 장벽이 됩니다. '애플빠'로 칭해지는 애플 제품 애호가의 고객 충성도는 거의 BTS급입니다.

v. 유통 경로

신규 진입 기업은 생산된 제품의 유통 경로도 확보해야 합니다.

기존 경쟁 기업들은 이미 제품에 대한 유통 경로를 차지하고 있기 때문에 신규 진입 기업은 가격 인하와 같은 판매 촉진을 통해 기존의 유통 경로에 진입해야 합니다. 이러한 과정에서 신규 진입 기업은 비용이 증가하고 당연히 이익도 감소하게 됩니다.

Ⅲ. 대체재의 존재

대체재란 무엇일까요? 당연히 대체가 가능한 재화를 의미합니다.

소고기 가격이 오르면 돼지고기를 사먹게 되는 것처럼 대체재는 어느 한쪽 재화의 가격이 오르면 다른 쪽 재화의 수요가 증가합니다.

보완재의 경우 두 가지 이상의 재화를 이용해 하나의 효용을 얻을 수 있는 재화를 의미합니다.

커피와 설탕처럼 보완재는 어느 한쪽 재화의 수요가 증가하면 덩달아 다른 쪽 재화의 수요도 증가합니다.

대체재가 존재하는 경우에 기업은 시장에서의 교섭력을 상실하여 제품의 가격을 올릴 수 없게 되기 때문에 산업 수익률에 부정적인 영향을 미치게 됩니다.

Ⅳ. 공급자의 교섭력

기업이 재화나 서비스를 생산하기 위해서는 공급자로부터 자원을 공급받아야 합니다.

일반적으로 공급자의 교섭력이 강하게 되면 기업의 원가 부담이 증가하여 이윤은 감소하게 됩니다.

특히 공급자의 가격 인상을 소비자에게 전가시킬 수 없는 기업의 경우에는 이런 현상이 더욱 심하게 나타납니다. 위에서 예를 들었지만 EUV 노광장비 생산 기업인 ASML이 대표적인 공급자의 교섭력이 강한 경우입니다.

EUV 노광장비_ASML

V. 소비자의 교섭력

시장에 다수의 기업이 존재하게 되면 소비자들의 구매 선택권이 확대되고, 이를 통해 소비자들의 교섭력이 증가하게 되면 제품의 가격이 낮아지게 되어 해당 기업의 산업 수익률은 낮아지게 됩니다. 현재 자영업, 특히 음식업이 그렇습니다. 숙박, 음식업의 5년 차 생존률은 19.1%로 OECD 평균 29.2%에 한참 못 미칩니다.

'소비자가 왕'인 시대에 한번 소비자의 눈 밖에 나면 그 기업은 생존을 장담할 수 없는 시대입니다.

04 반도체의 역할

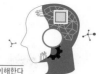

半導體의 半만 알아도 세상을 이해한다

다양한 반도체 역할

반도체는 어떤 역할을 할까요? 반도체는 정류, 증폭, 변환, 전환, 저장, 계산, 제어 등의 다양한 기능을 가지고 있습니다.

첫째는 정류 기능입니다. 전기신호의 흐름에는 두 가지 종류가 있습니다. 바로, 항상 일정 방향으로 흐르는 직류(direct current, DC)와 주기적으로 방향이 변하는 교류(alternating current, AC) 신호인데요. 전기신호를 처리하다 보면 직류를 교류로 또는 교류를 직류로 바꿔 주어야 하는 경우가 생깁니다. 우리는 이러한 작용을 정류(rectification)라고 부르는데 일반적으로 정류작용을 하는 반도체를 '다이오드'라고 합니다.

둘째는 증폭 기능입니다. 전기신호를 이동시키다 보면 점점 약해지게 됩니다. 그래서 정상적으로 전기신호를 전달하기 위해서는 이동 중에 원상태 또는 보다 크게 해 주는 작업이 필요합니다. 이처럼 약한 신호를 강한 신호로 키워 주는 것을 증폭이라고 하고, 이러한 증폭작용을 하는 반도체를 '트랜지스터(TR)'라고 합니다.

셋째는 변환 기능입니다. 전기신호는 필요에 따라 빛이나 소리 등으로 바꿔 줄 필요가 있습니다. 최근에는 저전력, 친환경이 중요하기 때문에 신성장 동력으로 주목받고 있는 'LED'도 반도체입니다. LED 램프뿐 아니라 지하철이나 고속도로에서 볼 수 있는 전광판에 쓰이는 LED는 전기신호를 빛으로 바꿔 주는 역할을 합니다. 이러한 반도체를 발광소자라고 하는데요, 반대로 빛을 전기신호로 바꿔 줄 수도 있습니다. CCD, CIS 반도체는 카메라로 읽어 들인 빛을 전기신호로 바꿔 저장하는 역할을 수행합니다.

넷째는 전환 기능입니다. 정보(Data)에는 그 값에 따라 아날로그(Analog)와 디지털(Digital)로 나뉩니다. 아날로그 데이터는 연속적인 값을 의미하는 반면, 디지털 데이터는 이산적인 값, 즉 1(ON) 또는 0(OFF)의 값을 가집니다. 정보를 처리하다 보면 아날로그를 디지털로 또는 디지털을 아날로그로 바꿔 주어야 할 경우가 있는데, '아날로그 ↔ 디지털' 같이 정보의 상태를 전환해 주는 역할 또한 반도체가 하고 있습니다.

다섯째는 저장 기능입니다. 반도체는 정보를 프로그램화해서 저장할 수 있으며, 이러한 정보를 저장하는 용도로 사용되는 반도체를 '메모리 반도체'라고 합니다. 메모리는 정보를 저장·보관하고 필요한 시점에서 빼낼 수 있는 장치인데 이러한 저장과 기억 또한 반도체가 수행하는 기능 중 하나입니다. 요즈음은 NAND 기반의 SSD가 많은 사람의 사랑을 받고 있는 대표적인 저장장치입니다.

여섯째는 연산 기능입니다. PC가 나오기 전에는 사용이 편리하고 계산 속도가 빠른 전자계산기가 널리 사용되었는데, 바로 이 전자계산기 안에서 수치 정보 계산에 사용되는 반도체를 '논리 반도체'라고 합니다.

일곱째로 제어 기능입니다. 기계나 설비가 정해진 순서에 따라 동작하도록 해 주는 것을 제어라고 합니다. 이런 작동 순서를 프로그램화하여 반도체 IC에 기억시켜 두면 그 순서에 따라 장비나 작업을 자동으로 제어할 수 있게 되는데, 이러한 반도체를 '마이크로 프로세서'라고 합니다. 논리와 연산, 제어 기능 등을 수행하는 반도체를 통상 시스템 LSI라고도 합니다.

반도체는 결국 사람의 몸과 뇌에서 일어나는 거의 모든 활동인 기억, 연산, 제어, 변환 등의 기능을 한다고 볼 수 있습니다.

인문학적 반도체_리더와 지산겸(地山謙)

반도체 역할을 알아보았으니 리더의 역할을 알아보겠습니다.

기업의 리더는 구성원들을 이끌어 나가기 위해 아래와 같은 중요한 의사결정을 내리는 역할을 합니다.

사업 영역

기업의 전반적인 목표

기업 문화

기업 내 부서들의 역할

(출처: 《마케팅 원론》 안광호 외)

어느 영역에서 우리 회사가 잘할 수 있는지 사업 영역을 정하고, 측정 가능한 목표를 제시하고, 조직 구성원이 공유하고 따르는 올바른 가치, 규범을 만들어야 합니다. 이를 위해 기업 내 부서들의 R&R(Role&Responsibilites)을 명확히 하여 조직 간 협력과 혁신이 일어나게 해야 합니다.

결국 리더는 조직의 바람직한 미래 모습이며, 조직이 나가야 할 방향을 정하는 비전 메이커 역할, 조직 구성원들에 제도나 프로세스 등을 만들어 환경을 조성해 주는 롤 메이커 역할, 조직 구성원들의 치어업(cheer-up)을 통해 의욕을 관리하는 치어리더 역할, 조직 구성원에 무한한 잠재 능력과 가능성이 있다고 믿고 소통하고 격려해 주는 코치 역할, 조직이 존재하고 유지되기 위한 성과를 지속적으로 창출해내는 플레이어 역할, 조직 구성원들의 성과에 대해 공정하게 평가하는 심판관 역할을 해야 합니다.

삼성전자를 세계 1위 반도체 회사로 만든 장본인인 권오현 회장은 리더의 자질로 아래 4가지를 제시합니다.

통찰력(Insight)
결단력(Decision)
실행력(Execution)
지속력(Sustainability)

권오현(출처: 《초격차》)

위 4가지 덕목은 훈련으로 달성 가능한 자질로 이 중 가장 중요한 덕목은 일시적이 아닌 지속적 성과를 내는 '지속력'이라고 말합니다.

외적 훈련으로만 리더가 된다면 얼마나 좋을까요? 리더가 되기 위해서는 본바탕이 있어야 합니다.

권오현 회장은 같은 책에서 리더의 본성적 덕목으로 진솔(眞率), 겸손(Humility), 무사욕(No greed) 이렇게 3가지를 제시합니다.

《초격차》책에서는 외적 덕목과는 다르게 내적 덕목 중에 가장 중요한 덕목이 무엇인지에 대한 언급은 없습니다.

그럼 리더의 내적 덕목 중 가장 주요한 자질은 무엇일까요?

점치는 책으로 알려진 《주역(周易)》은 《시경》, 《서경》과 함께 삼경에 드는 철학서입니다. 영어로 'The Classic of Change'로 번역하는 것처럼 음양, 오행, 사시를 논하여 변화를 읽는 데 뛰어난 점서(占書)이기도 합니다.

주역에서 가장 좋은 점괘는 무엇일까요? 20대 대선판을 뒤흔들었던 '천화동인(天火同人)'일까요? 아니면 '화천대유(火天大有)'일까요?

주역에서 가장 길한 괘는 '지산겸(地山謙)'입니다. 땅속에 산이 있는 형상이지요. 가장 높은 산이 가장 낮은 땅 밑에 있으니 겸손할 수밖에 없었지요.

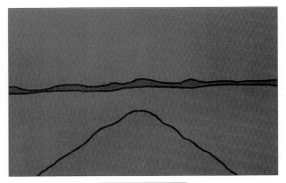
신영복(출처:《처음처럼》)

저는 리더의 가장 큰 자질이 '겸손'이라고 생각합니다. 진실되고 솔직하게 남들과 소통하고, 부정한 방법이나 편법을 사용하지 않는 무사욕의 바탕에는 겸손이 있습니다.

겸손은 리더뿐 아니라 불확실성으로 가득한 현재를 살아가는 우리들에게 더욱더 필요한 덕목입니다.

와튼스쿨의 조직심리학 교수인 애덤 그랜트는 《싱크 어게인》에서 '모르는 것을 아는 능력'도 지능의 일부라며 '다시 생각하기(Rethinking)' 의 중요성을 역설합니다.

다시 생각하려면 겸손해야 합니다. 자만에 빠지면 확신이 생기고 확신이 생기면 확증, 선호 편견의 함정에 빠지게 됩니다.

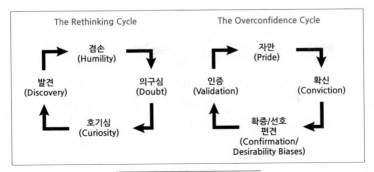

Adam Grant(출처: 《Think Again》, 2021)

《담론》에서 신영복 선생은 지산겸을 아래와 같이 해설했습니다.

謙尊而光 卑而不可踰 君子之終也 (겸존이광 비이불가유 군자지종야)

'겸손은 높이 있을 때는 빛나고, 낮은 곳에 처할 때에도 사람들이 함부로 넘지 못한다. 그러기에 겸손은 군자의 완성이라.'

군자를 리더로 읽어도 무방합니다.

리더는 겸손해야 합니다.

배용준과 이름뿐 아니라 얼굴까지 판박이(?)인 제가 리더가 되기 어려운 이유가 여기에 있습니다.

2장. 반린이 탈출 문제

1. 다음 중 N형 반도체의 설명 중 틀린 것은?

   ① 순수한 반도체에 5족 원소(인, 비소)를 불순물로 주입하여 만든다.

   ② 실리콘과 공유결합 후 전자 1개 부족하여 정공(hole)이 발생한다.

   ③ 다수 캐리어(carrier)는 전자, 소수 캐리어는 정공(hole)이다.

   ④ 실리콘과 공유결합 후 전자 1개가 남는다.

   ▷ 2번은 P형 반도체의 설명이다.

2. 보통 트랜지스터는 접합형 트랜지스터(양극성)와 전계 효과 트랜지스터(단극성)로 구분할 수 있다. 이 중 전계 효과 트랜지스터가 아닌 것은?

   ① BJT   ② JFET

   ③ N-Type MOSFET   ④ P-Type MOSFET

   ▷ BJT는 Bipolar Junction Transistor 의 약자로 전자(電子)와 정공(正孔)을 같이 사용하는 양극성(兩極性) 트랜지스터이다

3. 주로 소스(source), 게이트(gate), 드레인(drain), 기판(Substrate)으로 구성되어 게이트에 threshold voltage라고 불리는 문턱전압 이상을 걸어 주면 전류가 흐르고 문턱전압 이하에서는 전류가 흐르지 않는 반도체를 무엇이라고 하는가?

   ① MOSFET   ② BJT

   ③ JFET   ④ IGBT

   ▷ MOSFET은 4단자로 이루어진 반도체이다

4. 원자의 구성 요소가 아닌 것은?

① 중성자

② EUV

③ 전자

④ 양성자

▷ 원자는 원자핵(양성자+중성자)와 전자로 구성되어 있다.

5. 다음 중 반도체의 역할로 보기 어려운 것은?

① 증폭

② 변환

③ 저장

④ 분산

▷ 반도체는 정류, 증폭, 변환, 전환, 저장, 계산, 제어 등 다양한 역할을 할 수 있다.

정답 1. ② 2. ① 3. ① 4. ② 5. ④

3

반도체는 어떻게 만들어지나?

半導體의 半만 알아도 세상을 이해한다

　한 IT 전문 인터넷 언론사에서 올해 주목할 반도체 이슈로 '5nm SoC'와 '3nm 공정'을 꼽았습니다. IT에 관심이 없는 꽤 많은 분이 이런 기사에 흥미를 가지지 못합니다. 그 이유를 반도체 용어를 잘 모르기 때문이라고 저는 생각합니다.

　제가 학교 다닐 때에는 SOC를 Social Overhead Capital, 즉 사회간접자본으로 배웠는데요.

　반도체 업계에서는 SOC를 System on Chip, 즉 단일 칩에 모든 기능이 집적된 IC(집적 회로)로 이해합니다.

　그럼 SOC 같은 반도체는 어떻게 만들어 질까요?

　혹시 데밍의 PDCA 사이클이라는 말을 들어 보셨는지요?

　PDCA란, 사업 활동에서 생산 및 품질 등을 관리하는 방법으로 계획을 세우고(Plan), 행동하고(Do), 평가하고(Check), 개선한다(Act)는 업무 사이클을 뜻합니다.

　반도체도 마찬가지입니다.

　어떤 사양(SPEC)의 반도체를 만들 것인지에 대한 계획을 세우고(Plan), SPEC에 따라 반도체를 설계하여 시제품을 만들고(Do), 시제품이 제대로 만들어졌는지 테스트하고(Check), 잘못 만들어졌으면 개선 작업인

Revision을 하는(Act) 일련의 과정을 거칩니다.

반도체 관련 신문 기사에서 자주 쓰이는 반도체 관련 용어에 대해 알아보고 이런 반도체들이 어떻게 만들어지는지 반도체 설계와 제조로 나누어 살펴봅시다.

IC 관련 용어

반도체 설계를 이야기하기 전에 먼저 트랜지스터 등을 모아 만든 IC에 대해 알아보겠습니다.

IC는 Integrated Circuit의 약자로 트랜지스터, 다이오드, 저항, 캐패시터 등 복잡한 전자 부품들을 정밀하게 만들어 작은 반도체 속에 하나의 전자 회로로 구성해 집어넣은 것을 말합니다.

즉 개개의 반도체를 하나씩 따로따로 사용하지 않고 실리콘의 평면상에 몇천 개, 몇만 개를 모아 차곡차곡 쌓아 놓은 것입니다. '모아서 쌓는다' 즉 집적한다고 하여 집적 회로(IC)라는 이름이 붙게 된 것입니다.

집적 회로(IC)는 1958년 미국 텍사스 인스트루먼트(TI)의 기술자, 잭 킬비(Jack Kilby)에 의해 발명됐으며, 기술이 발전함에 따라 하나의 반도체에 들어가는 회로의 집적도가 LSI, VLSI, ULSI 등으로 발전하여 오늘날 첨단 반도체 제품이 등장하게 되었습니다. 당시 페어차일드 반도체에서 근무하던 로버트 노이스(Robert Noyce)라는 사람도 실리콘 위에 IC를 발명하였습니다.

이 로버트 노이스가 1968년 고든 무어(Gordon Moore)와 공동으로 인텔을 설립한 사람입니다.

인텔의 공동 창업자인 고든 무어는 1965년에 "반도체 집적 회로의 성능이 24개월마다 2배로 증가한다."라는 '**무어의 법칙**'을 내놓습니다.

지금은 잘 맞지 않지만 60년대 이후 실제 세계 반도체 칩 집적도는 무어의 전망과 엇비슷하게 향상돼 왔습니다.

이와 유사한 법칙으로 전 삼성전자 사장이었던 황창규 사장의 "반도체 메모리의 용량은 1년마다 2배씩 증가한다."라는 '황의 법칙'도 있었습니다.

결국 반도체의 처리 능력이 매년 두 배씩 늘어난다는 법칙인데, 이의 폐단을 말하는 '무어의 위법(Moore's outlaws)'이란 법칙도 있습니다. 반도체 처리 능력이 매년 두 배씩 늘어나면 불법 파일 유포자나 다운로더, 피싱 사기꾼, ID 도둑, 해커 등 사이버 절도범과 사기꾼의 능력도 두 배씩 늘려 놓는다는 의미입니다.

이런 여러 IC는 칩 하나에 집적한 반도체를 SoC 또는 **시스템 IC**라고 합니다.

SoC[1]는 **System on Chip**의 약자로 여러 기능을 가진 기기들로 구성된 시스템을 하나의 칩으로 만드는 기술을 뜻합니다. CPU, 메모리,

---

1 SoC: 디지털 신호, 아날로그 신호, 혼성 신호와 RF 기능 등 여러 개의 반도체 칩이 모여 구현되던 시스템을 칩 하나에 구현한 반도체

DSP 등 주요 반도체 소자를 하나의 칩에 구현해 칩 자체가 하나의 시스템이 되도록 하는 것으로 PCB(Printed Circuit Board)상에서 여러 개의 반도체 칩이 모여 구현되던 시스템이 한 개의 칩으로 집적되는 기술을 의미합니다.

이렇게 여러 기능을 가진 반도체가 하나의 칩으로 통합되면 칩을 탑재하는 공간이 크게 줄어들어 제품 소형화가 가능하고, 여러 개의 반도체를 별도로 만드는 것 대비 제조 비용이 감소하는 등 여러 장점이 있어 퀄컴 등 현재 많은 Fabless 업체가 개발하고 있습니다. 올해 초 퀄컴이 5nm 스냅드래곤 888 AP를 개발했다고 발표했는데 이런 AP(Application Processor)가 대표적인 SoC입니다.

퀄컴은 이 칩을 **5nm 디자인룰을 적용한 CMOS 공정으로 만들었다**고 하는데 각각의 용어에 대해 알아보도록 하겠습니다.

반도체 회로 선폭에 사용되는 단위 '**나노미터**(nm)'는 일반적으로 많이 사용되는 단위인 미터(m)를 기준으로 본다면, **1나노미터는 10억분의 1미터**에 해당합니다.

m	meter	미터	1m
cm	centi	센티미터	10^{-2}m
mm	milli	밀리미터	10^{-3}m
μm	micro	마이크로미터	10^{-6}m
nm	nano	나노미터	10^{-9}m
pm	pico	피코미터	10^{-12}m
fm	femto	펨토미터	10^{-15}m
am	atto	아토미터	10^{-18}m

반도체 미세공정 단위(출처: 삼성반도체 이야기)

1 나노미터(nm)는 꽃가루(약 40μm)의 4만분의 1 정도로 굉장히 작습니다. 우리 일상 속 흔히 보이는 사물과 비교하면 모래(약 1mm)의 100만분의 1, 머리카락 굵기(약 100μm)의 10만분의 1에 해당하는 크기입니다.

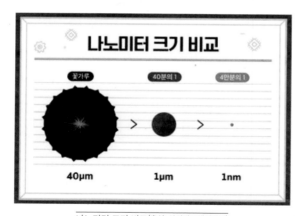

나노미터 크기 비교(출처: 삼성반도체이야기)

디자인 룰[2]이란 반도체를 설계하고 Layout을 진행하는데 이때 지

---

2 Design Rule: 반도체를 설계하고 Layout을 진행하는데 이때 지켜야 할 간격이나 폭 같은 규칙들을 의미함.

켜야 할 간격이나 폭 같은 규칙들을 의미합니다. 통상 반도체를 만들기 위해서는 반도체 공정에서 요구되는 Rule이 존재합니다. 각 소재의 Layer와 개체 간의 간격과 폭에 대한 항목들이 정해져 있어 이것을 기준으로 설계를 하여 Layout을 합니다.

CMOS는 **Complementary Metal Oxide Semiconductor**, 상보형 금속 산화 반도체의 약자로 마이크로프로세서나 S램 등 디지털 회로를 구성하는 데 사용되는 집적 회로의 한 종류입니다.

CMOS는 일반 금속 산화막 반도체 전계 효과 트랜지스터(MOSFET)의 P 채널 트랜지스터(PMOS)와 N 채널 트랜지스터(NMOS)가 접합된 상보 회로 방식으로 구성되어 있습니다.

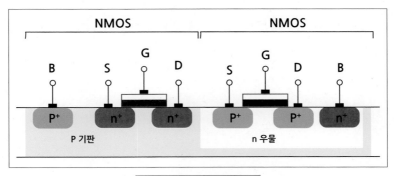

CMOS 구조(출처: 삼성반도체이야기)

서로 상호 보완할 수 있는 기능의 MOSFET을 이어 만들었다고 보면 됩니다.

따라서 집적도가 높고 소모전력이 매우 적다는 이점을 가져 다양한 기능의 집적 회로 구현이 가능합니다. 이 CMOS를 이용하면 저전력으로 디지털 로직 회로와 아날로그 회로를 만들 수 있어 시스템 반도체의 핵심은 CMOS를 잘 만드는 것이라고도 할 수 있습니다.

당연히 시스템 반도체의 대표적 반도체인 AP(Application Processer)를 만들 때도 사용합니다.

따라서 **5nm 디자인 룰의 CMOS 공정**이란 말은 5nm의 미세한 회로 선폭의 디자인 룰을 지켜 CMOS 공정의 FAB을 이용하여 만들었다는 의미입니다.

02 반도체 개발 과정

半導體의 半만 알아도 세상을 이해한다

반도체 전(全)공정 개괄

그럼 이제 본격적으로 반도체 전(全)공정의 개발 과정에 대해 알아보는 시간을 가지겠습니다.

어떤 예술가의 작업 과정을 예로 들어보겠습니다.

화가의 작업 과정

한 화가가 무엇을 그릴 것인가 고민하여 산에 가는 사람을 보고 이를 화폭에 담는다고 합시다.

그런데 이 그림을 여러 사람에게 보여 주기 위해 필름 카메라로 사진을 찍어 사진을 인화한다고 해 봅시다. 그럼 암실에 들어가 필름에 빛을 쪼여 인화지에 자신의 그림 상이 맺히는 사진 인화 작업을 하겠지요. 그렇게 여러 장의 사진을 인화하여 하나하나 잘라 예쁘게 개별 포장하여 구매를 원하는 사람들에게 나누어 줄 겁니다.

반도체를 만드는 과정도 이와 유사합니다.

반도체 개발자가 시장의 니즈나 자신의 아이디어를 바탕으로 어떤 반도체를 만들 것인지 제품 기획을 합니다.

이에 따라 회로 설계를 하고 이를 실제 반도체 위에 형성될 트랜지스터 형태로 그리는 Layout이라는 작업을 합니다.

그 후 위에서 필름 역할을 하는 것과 유사한 Mask라는 설계도면 유리 기판을 제작하고 반도체를 만들기 시작합니다.

반도체를 제작하는 방법은 사진을 인화하는 것과 유사합니다. 즉 필름 역할을 하는 Mask를 인화지와 같은 역할을 하는 실리콘 Wafer 위에 회로 패턴을 찍어냅니다. 이를 **Fabrication**, 줄여서 **Fab**이라고 합니다.

그 후 EDS라는 웨이퍼 수준의 검사 후 조립을 진행하고 최종 검사인 Final Test를 합니다.

그 후 신뢰성 테스트인 Qual을 진행하여 최종적으로 고객에게 출하합니다.

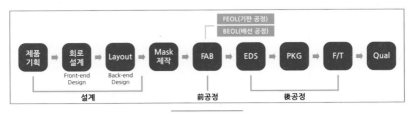

반도체의 작업 과정

제품 기획에서 Layout까지를 설계 단계, 제조인 FAB 단계를 **전(前)공정**, EDS, 조립, F/T 단계를 **후(後)공정**이라고 합니다. 그리고 통상

Fabless 회사에서 진행하는 회로 설계 단계를 **Front-end design**이라고 하고, 디자인하우스에서 진행하는 Layout 업무를 **Back-end design**이라고 합니다. FAB, 즉 Wafer를 가공하여 칩을 만드는 과정도 **FEOL, Front end of line**이라는 Active layer를 만드는 공정과 **BEOL, Back end of line**이라고 배선을 연결하는 공정으로 나누어집니다.

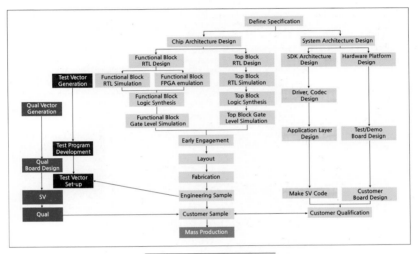

Fabless 회사의 SoC 개발 Process

위의 순서도는 SoC를 설계하는 Fabless 회사의 개발 단계를 도식화한 것입니다.

주의해서 보셔야 할 것이 SoC의 경우 칩 설계뿐 아니라 이를 구동하는 SW도 매우 중요해서 SW 개발 절차도 같이 명시되어 있습니다. 주로 AP 등 SoC를 개발하는 Fabless 회사는 칩과 함께 **Software Development Kit**이라 불리는 **SDK**, 즉 기본적인 Embedded SW도 같이 고객사에 제공하고 있습니다. 이런 SDK를 제공해야 이를 응용하여 최종 제품을 만드는 제조사가 제품을 만드는 것이 가능합니다. SDK에는 API, IDE, Kernel, Library, 코드 샘플 및 기타 유틸리티와 이들의 사용 설명서까지를 포함합니다. 그래서 일부 Fabless 회사의 경우 칩 설계 인력보다 SW 개발 인력이 더 많은 경우도 있습니다.

SoC(System on Chip)	SDK(Software Development Kit)	Hard Ware
디지털 신호, 아날로그 신호, 혼성 신호와 RF 기능 등 여러 개의 반도체 칩이 보여 구현되던 시스템을 칩 하나에 구현한 반도체	Fabless SoC를 사용하는 고객이 SET에 대한 Design-in을 원활하게 하기 위해 제공되는 S/W	Fabless SoC의 전체 기능을 검증하기 위한 EVM Board와 고객이 SET를 효율적으로 꾸미기 위해 제공되는 Reference Board 및 회로도

Application	
Middleware	
Device Driver	Linux Kernel
Hardware	

Fabless 회사의 개발 산출물

반도체를 설계하는 데는 돈이 많이 듭니다.

제 경험상 설계 인력 인건비 포함하여 미세 공정인 몇십nm급 AP 반도체 하나 만드는 데 100억 원을 훌쩍 넘어갔습니다.

반도체를 생산하는 공장인 FAB을 짓는 데는 이보다 몇백 배 많은 어마어마한 돈이 조 단위로 투자됩니다. 그래서 혹자는 반도체 사업을 '**외발자전거 타기**'에 비유합니다. 몇십, 몇백조 원이 소요되는 미세 공정의 투자 페달을 계속 밟지 않으면 외발자전거는 중심을 잃고 바로 쓰러지고 맙니다.

그래서 요새는 반도체 설계만 하고 나머지 제조는 외주를 주는 Fabless 회사들이 많습니다.

Fabless 회사들은 상대적으로 적은 비용으로 우수한 인력과 경험을 바탕으로 반도체 사업을 영위할 수 있기 때문이지요.

반도체는 미세 공정으로 갈수록 돈이 많이 듭니다. 아날로그보다는 디지털 반도체가, 14nm 공정보다 7nm 공정으로 반도체를 만들 때 돈이 많이 듭니다.

그런데 양산할 때는 당연히 미세 공정으로 갈수록 이득입니다.

예를 들어, 14nm 공정에서는 Wafer당 50개의 제품을 생산했다면 7nm 공정에서는 80개를 생산할 수 있기 때문입니다. 게다가 미세 공정으로 갈수록 전력 소모는 줄고 성능은 향상되는 이점이 있습니다.

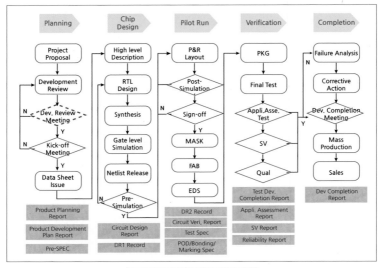

Fabless 회사의 SoC 개발 Process

위 순서도는 SoC를 설계하여 제품을 만드는 단계를 좀 더 구체적으로 나타낸 그림입니다.

개략적으로 살펴보면

1. 반도체 칩을 기획하고

2. 칩을 설계하여

3. 시제품을 제작하고

4. 이런 저런 검증을 하여

5. 기획한 대로 제대로 만들었다면 반도체를 양산하여

6. 고객에게 판매되는 순서

입니다.

위 순서도 아래쪽은 각 단계별로 나와야 할 기술 문서 산출물을 표시한 것으로 회사마다 작성하는 문서의 종류나 문서의 명칭은 상이합니다. 당연히 작성하는 시기도 회사마다 제각각입니다.

기획 단계를 예로 든다면 주로 칩을 어떤 사양으로, 어떤 일정으로 개발할지 등을 기술한 '**개발 계획서**'와 세부 개발 사양을 기술한 '**Datasheet**' 또는 '**SPEC**'이라 불리는 문서를 작성합니다.

SoC 반도체를 설계하는 방법은 아날로그 설계나 메모리 설계와는 다소 차이가 있습니다만, 여기서는 일반적으로 가장 많이 사용하는 SoC를 기준으로 설명하겠습니다.

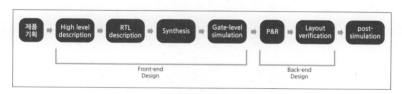

반도체 설계 과정

칩 설계_Planning

기존 고객사나 시장의 needs를 반영하여 어떤 사양의 제품을 만들지를 기획하여 세부 사양(SPEC)과 일정 계획을 수립하는 단계

첫째, Planning 단계입니다.

모든 설계가 그렇듯이 가장 중요한 것이 무엇을 어떻게 만들지 결정하는 것입니다.

반도체 설계의 첫 단계인 Planning 단계는 기존 고객사나 시장의 needs를 반영하여 어떤 사양의 제품을 만들지를 검토하는 단계입니다.

예를 들어, 휴대폰에 들어가는 AP를 만든다고 해 봅시다.

우선 Chip 내부에서 해야 하는 기능을 나누어 Block Diagram 같은 것으로 형상화를 진행합니다.

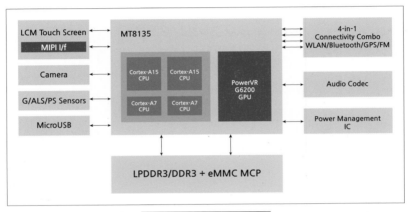

미디어텍 AP Block Diagram 예시

Block Diagram을 그리며 각 Block의 기능은 어떻게 되어야 하고 데이터는 어떻게 주고받는지 등을 정합니다. 이때 회사 내부에서 Design할 Block과 회사 외부에서 IP 형태로 사와야 하는 Block을 결정합니다.

여기서 **IP**는 **Intelectual Property**, 지적재산의 약자입니다만 반도체에서 쓰는 **IP**란 용어는 지적재산권이 아니라 **재이용 가능한 기능**

블록을 지칭하며 **Hard IP**[1]와 **Soft IP**[2]로 구분합니다.

프로세서, RAM, ROM 등 물리적 설계 과정이 완료된 하드웨어 기능 블록을 Hard IP, 논리 합성 가능한 설계 데이터로 설계의 수정, 개량, 기능 변경이 용이한 IP를 소프트 IP라고 합니다.

Hard IP vs Soft IP

그 외 Chip의 동작 clock 속도나 power consumption 등 개발에 필요한 여러 고려 요인을 구상합니다. 이런 여러 요소를 고려해서 초기 개발 사양을 fix하고 Pre-spec을 발행합니다.

통상 몇십 나노급 반도체를 개발하기 위해서는 시제품 제작 비용만 수십억 원이나 들어갑니다.

따라서 매우 신중하게 칩의 사양과 개발비 등을 고려하여 반도체

---

1 Hard IP: 지정된 공정에 따라 물리적 설계 과정(P&R)이 완료된 설계 데이터로 변경이 불가능하나 TAT 단축에 유리
2 Soft IP: 특정 언어(C, VHDL, Verilog)로 쓰여진 논리 합성 가능한 설계 데이터로 설계의 수정, 개량, 기능 변경이 용이

공정을 결정하고 개발 일정을 세워 설계를 시작해야 합니다.

AP 칩에는 컴퓨터의 CPU 역할을 하는 Core를 IP 형태로 외부로부터 들여옵니다.

통상 ARM사의 IP가 많이 사용되는데 ARM Core에서 운영되는 ISA는 **RISC** 방식입니다.

ISA란 **Instruction Set Architecture**의 약자로 특정 CPU가 이해하는 언어, 즉 기계어를 뜻합니다.

인텔의 경우 x86 계열의 **CISC**[3] 방식의 ISA를 사용하는 데 반해, 소형 기기에 많이 쓰이는 ARM의 경우 Cortex라는 이름의 Core에 RISC[4] 방식의 ISA를 사용합니다.

반도체를 설계할 때는 여러 고려 요인이 있겠습니다만 크게 **Performance, Power, Area** 이렇게 3가지 측면을 고려해야 합니다. 앞 글자를 따서 **PPA**라고 합니다.

---

3 Complex Instruction Set Computer: 모든 고급언어 문장들에 대해 각각 기계 명령어가 대응되도록 하는 방식으로 x86 계열의 PC용 CPU에서 주로 사용
4 Reduced Instruction Set Computer: CISC의 많은 명령어 중 주로 쓰이는 것만을 추려서 하드웨어로 구현하는 방식으로 ARM 계열의 모바일 CPU에서 주로 사용

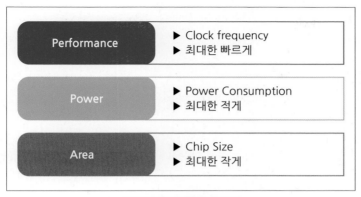

반도체 설계 시 고려 요인_PPA

먼저 Performance를 높이면, Clock frequency를 빨리 가져가게 되어 칩이 훨씬 더 빠르게 동작하고, 더 짧은 시간 안에 많은 일을 할 수 있습니다.

두 번째로 중요하게 고려되어야 할 사항은 Power Consumption입니다. 동일한 일을 하더라도 power를 적게 소모해야 배터리가 오래 가겠죠. 특히 모바일에 들어가는 반도체들은 저전력 설계가 핵심이라 여러 가지 low-power 설계 기법들을 사용해서 설계되고 있습니다.

세 번째로 면적을 작게 만들어야 됩니다. 면적이 커지면 웨이퍼상의 다이(Die) 개수가 줄어들어 그만큼 칩을 만드는 데 있어서 사용되는 cost가 늘어납니다. 면적이 커지면 커질수록 불량이 발생할 확률도 더불어 늘어나 수율, 즉 양품의 비율이 점점 더 떨어져서 칩이 비싸집니다.

시스템 반도체 설계 엔지니어는 이런 여러 요인을 고려해서 최적의 설계를 해야 합니다.

그럼 반도체를 저전력으로 어떻게 구현할까요?

대표적인 방법은 **DVFS**(Dynamic Voltage and Frequency Scaling)입니다.

이 기법은 CPU의 응용 부하가 높을 때는 최고 동작 주파수로 CPU 를 구동하고, 응용 부하가 낮을 때에는 낮은 동작 주파수로 CPU를 구동하여 전력을 줄이는 방법입니다.

대부분의 휴대폰이 Andriod OS를 사용하고 있고 Android는 Linux kernel 위에서 작동합니다. Linux는 CPU 동작 주파수를 선택하여 관리할 수 있는데 이런 CPU의 동작 주파수를 변경하는 모듈인 Governor를 제공합니다. 이 Governor가 CPUfreq module을 통해 CPU Frequency를 조절하는 것이지요.

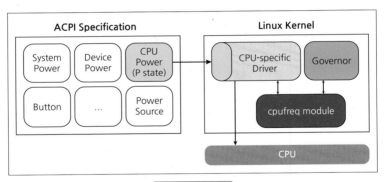

Linux DVFS system

이를 위해서는 CPU와 GPU 등과 같이 고속 처리가 필요한 블록들은 서로 독립된 전원 공급 구조를 가지는 **Power Island**로 구현해야 응용에서 요구하는 성능에 따라 각 블록의 동작 전압과 주파수를 독립적으로 유연하게 조절할 수 있습니다.

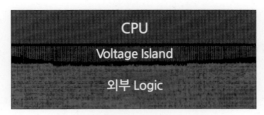

Isolation cell이 삽입된 CPU BUS의 Layout

두 번째 방법은 **Power Gating** 기법입니다.

이는 각 구성 블록들을 유사 동작하는 기능 블록 단위로 묶어 동작 중 SW 제어를 통해 Power를 On/Off 할 수 있는 기법으로 이를 통해 동작하지 않는 블록들의 Power 공급을 실시간으로 제어하여 Dynamic 전력 소모를 최소화할 수 있습니다.

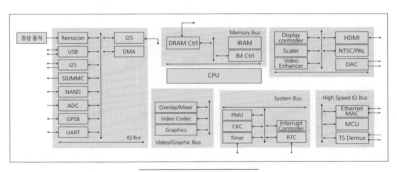

SoC 동작 시의 각 블록 ON 상태

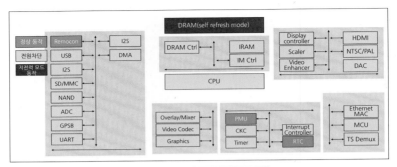

SoC 대기 시의 각 블록 ON/OFF 상태

트랜지스터의 두께가 서로 다른 **Multi-Vth Cell**을 Timing Path에 따라 적절히 혼용하여 로직을 구성함으로써 전력을 줄이는 방법도 있습니다.

Multi-bit Flip-Flop을 적용하여 **Clock Tree 구조를 최대한 단순화**하고 사용되는 Buffer의 개수를 줄여 Clock Tree의 전력 소모를 최소화하는 방법도 있고요.

CPU 동작 성능이 높아져 발열에 대한 우려가 있어 칩 내부에 **온도 센서**(Temperature sensor)를 내장하여 발열에 대한 관리 능력을 향상시키는 방법도 있지요.

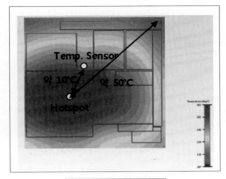

온도 센서로 발열 확산 검토

이런 저전력 설계 기법을 적용한 AP가 장착된 스마트폰이 제 손에 들려져 있는데 왜 이렇게 배터리는 빨리 닳는지 궁금합니다. 유튜브 좀 그만 봐야겠습니다.

칩 설계_Front-end Design

두 번째 단계는 기획 단계에서 세운 spec을 바탕으로 실제 chip을 설계하는 단계입니다.

이를 흔히 **Front-end Design**이라고 합니다.

SoC는 설계의 복잡성 때문에 흔히들 Top-down 설계 방식이라고 전체적인 구조 설계를 진행한 후 Top Block 설계를 진행하고 각각의 Sub Module에 대한 설계를 진행하는 방식을 사용합니다.

이와는 반대로 Sub Module을 만들어 Sub Block을 만들어서 Top

level Block으로 만드는 방식을 Bottom up 방식이라고 합니다. 어쨌든 구조적 모델링이라는 SoC 설계 방법론을 따릅니다.

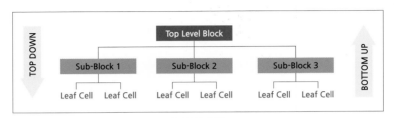

구조적 모델링

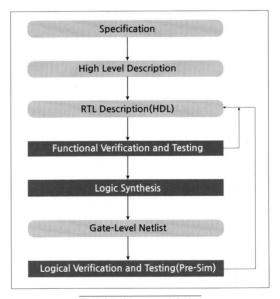

칩 설계 순서_Front end design

반도체 설계는 크게 **Front-end design** 단계와 **Back-end design** 단계로 구분합니다.

먼저 사람이 작성하기 쉬운 언어로 동작 수준 설계를 기술(記述)하여

RTL, 즉 레지스터 전송 수준을 거쳐 Gate level netlist라는 제조 공정에서 사용하는 게이트 수준 설계 데이터를 생성하고 검증합니다. 여기까지를 전반부 설계, 즉 **Front-end design**이라고 합니다.

RTL이라고 하는 레지스터 전송 수준은 게이트 수준과 비교하여 검증 시간이 짧은 반면에 검증의 정확도는 낮습니다.

Gate-Level Netlist가 완성되면 후반부 설계, 즉 **Back-end design**이라는 레이아웃 데이터를 생성하는 단계를 거치는데 이는 좀 더 제조 기술에 의존적입니다. 이후는 실제 칩을 제조하는 단계로 넘어가는데 Mask를 만들어 FAB에서 칩을 제조하는 단계를 의미합니다.

상위 수준 기술, High Level Description이란 컴퓨터 언어상의 상위 언어(High level Language)로 기술(記述)한다는 의미입니다. 즉 기계어나 어셈블리어가 아닌 SystemC나 C언어 같은 상위 수준 언어를 말합니다. 자신이 설계하고자 하는 칩의 기능에 대한 알고리즘이 맞는지를 C모델을 사용하여 프로그램을 짜서 실행시켜 빠른 시간 안에 검증합니다.

RTL Description이란 **HDL**(Hardware Description Language)이라는 하드웨어 언어를 사용하여 설계하는 것을 말합니다. 많이 사용하는 언어는 **VHDL**과 **Verilog**가 있습니다.

RTL은 C언어에 비해 동작에 필요한 비트(bit) 수나 클록의 개수를 정확하게 알 수 있습니다.

예를 들어, High Level Language인 시스템 C언어로 A값과 B값을 더하여 S라는 값으로 출력하라는 프로그램을 짜면 S=(A+B); 와 같이 한 줄이면 끝납니다.

그런데 이를 Verilog로 기술하면 아래와 같습니다.

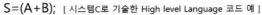

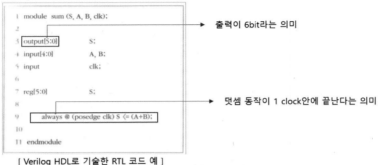

S=(A+B); [시스템C로 기술한 High level Language 코드 예]

```
1  module  sum (S, A, B, clk);
2
3  output[5:0]       S;                    ──▶ 출력이 6bit라는 의미
4  input[4:0]        A, B;
5  input             clk;
6
7  reg[5:0]          S;
8                                          ──▶ 덧셈 동작이 1 clock안에 끝난다는 의미
9  always @ (posedge clk) S <= (A+B);
10
11 endmodule
```

[Verilog HDL로 기술한 RTL 코드 예]

(출처: 《반도체 제대로 이해하기》_강구창)

11줄로 꽤 길어지고 @표시 등 다른 기호들도 있습니다.

Verilog는 모듈(module)이라는 논리 회로 구성을 위한 기본 단위로 시작합니다. 먼저 설계하고자 하는 모듈의 이름과 입출력 포트의 이름을 정합니다. 각 입출력 포트에 대해서 각 포트가 입력(input)인지 출력(output)인지 선언하고, 각 포트의 버스 폭도 선언합니다. 여기서 줄 3의 경우 S라는 출력은 S[0], S[1], S[2], S[3], S[4], S[5] 해서 모두 6bit를 의미합니다.

마지막으로 동작을 기술하는데 줄 9는 덧셈 동작이 1 clock 안에 끝난다는 의미입니다.

RTL 설계가 끝나면 설계가 올바로 되었는지 검증을 해야 합니다. 이를 **Functional Verification**이라고 합니다.

보통의 경우 chip 전체를 simulation하기 전에, 각 block에 test

bench를 만들어 simulation을 하여 검증하고, chip 전체의 simulation 은 각 block이 잘 연결되었고 간단한 작업이 잘 동작하는지 정도를 검증합니다.

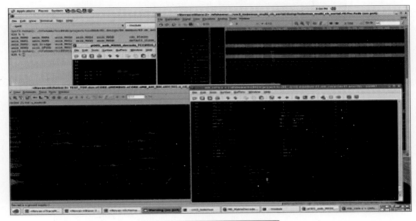

Test bench를 이용한 RTL 검증 환경

Test bench에서 mismatches가 나왔으면 Waveform이라는 tool을 이용하여 검증을 합니다.

또는 **FPGA**(Field Programmable Gate Array)를 사용하여 prototype을 만들 어서 Function을 검증하는 경우도 많이 있습니다. 대개 외부 도입 IP 에 대해 FPGA를 이용해서 검증하는 경우가 대부분입니다.

FPGA를 이용한 검증 환경

Logic Synthesis는 RTL 코드를 Gate level NetList로 바꾸어 주는 과정을 의미합니다.

합성 툴은 대부분 시놉시스(Synopsys)의 Design Compiler라는 tool을 많이 사용합니다.

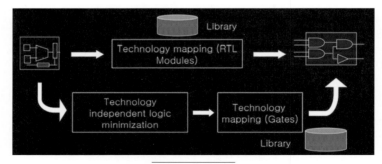

Logic Synthesis 과정

삼성 등 FAB 공정에서 제공하는 library와 설계자의 RTL, 그리고 timing constraint라고 하는 SDC를 입력해 주고 tool을 돌리면 gate level NetList가 나오게 됩니다.

FAB에서 제공하는 design kit에는 합성에 사용될 gate들의 동작 및 속도 등이 들어 있습니다.

이를 Software의 compile로 비유하면 반도체 공정에서 제공하는 design kit는 각 CPU에 존재하는 ISA(instruction set architecture)라고 보면 되고, RTL은 C source code라고 생각하면 됩니다.

C source code를 compile 하게 되면 instruction sequence, 즉 기계어가 나오게 되는데 합성에서는 그것이 Gate들의 연결인 NetList 형태로 결과가 나타나게 됩니다.

전체 Synthesis 과정을 한 번 더 도식화해서 보면, Verilog 또는 VHDL로 기술된 언어인 RTL 코드를 RTL description이라고 합니다. 이 RTL description 자체가 Gate level description(netlist)으로 바뀌는 과정을 Synthesis 과정이라고 할 수 있습니다.

즉 RTL 코드가 팹 공정에서 제공하는 라이브러리에 매핑돼서 최종적으로 netlist가 나오는 과정이라고 할 수 있습니다.

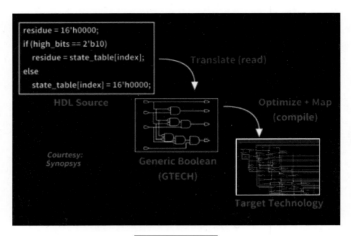

```
residue = 16'h0000;
if (high_bits == 2'b10)
    residue = state_table[index];
else
    state_table[index] = 16'h0000;
```

HDL Source

Translate (read)

Courtesy:
Synopsys

Generic Boolean
(GTECH)

Optimize + Map
(compile)

Target Technology

Logic Synthesis 과정

Synthesis를 하는 데는 3가지 인풋 파일이 필요합니다. 먼저 가장 중요한 인풋 파일인 Verilog 혹은 VHDL로 설계한 HDL 코드가 있어야 합니다. 두 번째로 TSMC 혹은 삼성에서 제공하는 Design Kit가 필요합니다. 세 번째로 SDC라는 파일이 필요합니다.

SDC는 Synopsys Design Constraints의 약자로 회로 디자인이 어떤 Power로, 어떤 Clock frequency에서 동작해야 하는지 등의 Timing Constraints 파일입니다.

이 3가지, HDL 코드와 셀 라이브러리 그리고 SDC를 입력으로 넣어서 Synthesis 툴을 동작시키면 Synthesis 결과를 얻을 수 있습니다.

Synthesis를 마치면 아웃풋 파일도 3가지가 나옵니다. 첫째로 실제 칩으로 구현하기 위한 로직 게이트들의 집합인 Gate level netlist 파일이 나옵니다. 두 번째로 **SDF**(Standard delay format)라는 딜레이를 고려해서 시뮬레이션을 돌리기 위한 파일이 나옵니다. 세 번째 아웃풋 파일은 Reports입니다. 합성(Synthesis)이 되고 나면 칩의 면적이나 전체 설계 크기가 어느 정도인지 알 수 있습니다. 그리고 회로가 동작할 때 타이밍적으로 문제가 없는지 등을 나타내는 Timing 정보나 power consumption 정보도 알 수 있습니다.

▷ Synthesis Input files

− HDL (Verilog)

− **Design Kit** (eg. Samsung 28nm library)

− SDC (Synopsys Design Constraints)

▷ Synthesis Output files

− Gate level netlist (Gate level Verilog file)

− SDF(Standard Delay Format)

− Reports (Area, Timing, Power)

합성 후 Gate level Netlist를 가지고 여러 가지 신호를 입력하여 Simulation하는 **Gate level Simulation**을 진행합니다. 이런 simulation 을 보통 **Pre-Layout Simulation**이라고 부릅니다.

게이트 수준의 netlist를 가지고 시뮬레이션을 하면 셀의 크기, 동작 속도, 동작 시간 등을 알 수 있어 RTL 코드로 시뮬레이션하는 것보다 더 정확한 결과를 얻을 수 있습니다.

물론 시뮬레이션하는 데 걸리는 시간은 RTL 코드에서보다 훨씬 오래 걸립니다.

검증은 Synopsys의 Formality라는 tool을 많이 사용하고 있습니다.

이상이 주로 Fabless 회사에서 진행하는 Front-end Design 과정입니다.

이를 다시 순서도로 설명하면 아래와 같습니다.

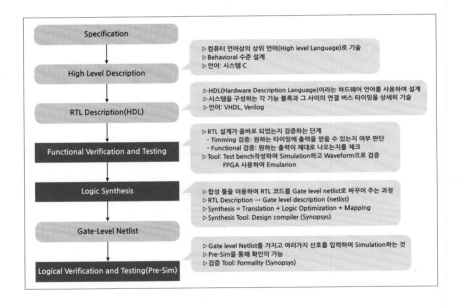

칩 설계_Back-end Design

Physical Design 과정은 다른 말로 **Layout** 과정이라고 합니다. **Back-end Design**이라는 용어도 사용합니다.

앞쪽에서 설계 앞단이라고 할 수 있는 Front-end Design은 Fabless 회사가, 그 후 Layout이라는 Back-end Design은 Design House가 담당한다고 했는데 두 회사는 설계 초기부터 매우 밀접하게 붙어서 일해야 합니다.

Fabless 회사에서 1차 검증이 완료된 게이트 레벨의 netlist가 디자인 하우스에 전달되면 본격적으로 Physical Design 업무가 시작됩니다.

먼저 **DFT,** 즉 **Design for Testability** 작업으로 BIRA, BIST, SCAN 등의 Test logic을 넣게 됩니다.

이러한 Test logic은 칩이 생산된 후에 올바로 동작하는지 검증하기 위한 가장 기본적인 방법으로, 원래의 netlist의 동작은 그대로 유지하면서 Test mode에서만 동작하는 로직입니다.

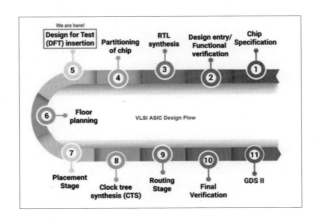

이와 같은 로직을 넣은 후에 그 로직의 Test vector를 만들게 됩니다. 칩이 나오면 칩의 특정 pin에 테스트 장비를 물려서 입력 data를 넣고, 다른 pin에서 출력 data를 뽑아서 원하는 결과가 나왔는지 검사를 하게 되는데, 이를 위해 입력 data와 올바른 출력 data를 만들어 두어야 합니다.

Test logic 관련 일이 끝나면 이제는 **P&R,** 즉 **Placement & Routing** 작업을 진행합니다.

Netlist는 단지 gate들이 어떻게 연결되었는지를 나타내 주는 것이라 그것을 반도체 die 위에 어떻게 배치(Place)할지와 gate 간의 연결을 해 주는 wire을 어떻게 놓을지(Route)를 결정하는 과정이 바로 P&R 과정입니다.

당연히 사람이 손으로 할 수는 없고 tool을 이용하게 되는데 그래서 P&R을 APR, 즉 Automatic Placement & Routing이라고도 합니다. 레이아웃에는 주로 시놉시스(Synopsy)사의 IC Compiler와 PrimeTime, 케이던스(Cadence)사의 Filnnovus Tool을 사용합니다.

Physical Design 과정을 좀 더 자세히 설명하면 다음과 같습니다.

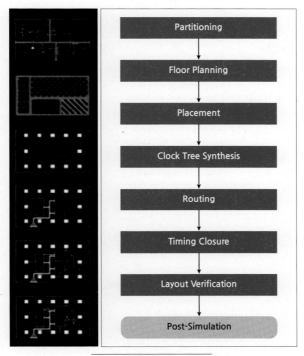

칩 설계 순서_Back end design

먼저 Partitioning 과정을 통해서 전체 NetList를 쪼개게 됩니다.

NetList를 한 번에 Place & Route 하게 되면 너무 복잡도가 높아서 CAD Tool이 핸들링할 수 있는 정도로 나눠서 진행하는 것을 **Partitioning**이라고 합니다.

그리고 나눠진, Partitioning된 영역들을 어디에 배치할 것인지 Floorplanning 과정을 통해서 진행하고 Hardmacro, Standard Cells 등을 배치시키는 Placement Optimization 과정을 진행합니다.

Place Optimization 결과를 이용하여 Clock Skew를 최소화하기 위

해 최소의 clock buffer가 삽입될 수 있도록 **CTS, 즉 Clock Tree Synthesis** 최적화를 진행합니다. Place Optimization과 CTS Optimization 결과를 이용하여 최종적으로 배선(Routing)을 시도하면서 Routing 최적화를 진행합니다.

그 과정이 모두 끝나고 나면, 이게 타이밍적으로 잘 동작하는지, Timing constraint를 만족하는지를 확인하는 과정인 Timing Closure 과정을 거치면 최종적으로 Physical Design이 완성됩니다.

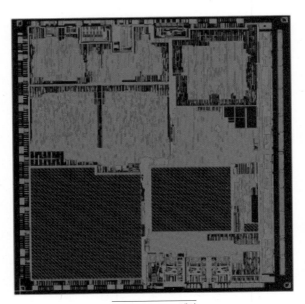

Routing Pattern 예시

레이아웃이 끝나면 레이아웃이 잘 되었는지를 검증해야 합니다.

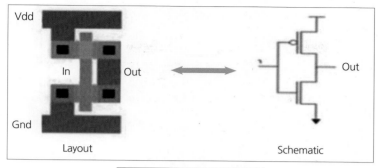

검증하는 항목은 크게 3가지입니다.

레이아웃이 디자인 룰에 맞게 제대로 되었는지 검증하는 **DRC, Design Rule Check.**

내부에서 전기적으로 끊어짐 없이 제대로 되었는지 검증하는 **ERC, Electrical Rule Check.**

레이아웃이 Gate level netlist와 Schematic과 일치하는지 확인하는 **LVS, Layout vs Schematic** 등이 있습니다.

그런데 제대로 된 레이아웃에서 의도한 소자들 외에도 **기생 소자** (Parasitic device)가 **나타납니다.**

이런 기생 소자는 실제 Cell들이 연결되는 두께와 길이에 따라 부수적으로 어쩔 수 없이 나타난 것입니다. 이런 기생 소자들은 지연을 유발하는데 잘못하면 반도체 칩이 오작동을 하게 됩니다. 그래서 기생 소자들의 저항값들을 추출해서 그런 기생 소자들이 존재하는 상태에서도 반도체 칩이 제대로 동작하는지 게이트 수준에서 다시 한번 시뮬레이션으로 검증합니다.

이를 보통 **Post-Layout Simulation**이라고 합니다.

이 과정 중에 bug가 발견되면 재설계를 진행해야 합니다.

bug을 NetList에서 수정이 가능하다고 하면 NetList에 약간의 gate를 넣고 빼어 수정을 하는데 이것을 **ECO**(Engineering Change Order)라고 부릅니다.

그러나 NetList level에서 수정이 불가능하면 다시 RTL 수정 등으로 돌아가서 모든 과정을 다시 거치게 됩니다. 이런 일이 발생하면 설계 엔지니어는 멘붕에 빠지곤 합니다.

이 후 모든 검증이 끝나면 레이아웃 데이터인 GDS file을 Mask 제작 회사에 넘겨 MASK를 제작하게 됩니다. 이런 과정을 **PG OUT**이라고 하고, 이 과정까지 마치면 칩 설계는 마무리됩니다.

PG(Pattern Generation) OUT을 Tape Out이라고도 하는데 예전에는 GDS file을 카트리지 테이프에 담아서 전달했기 때문입니다. 요새는 MTO(Mask Tape Out)라고 하고요.

PG OUT이 무사히 완료되면 대개 설계 엔지니어들은 술집으로 달려가 술을 진탕 마시며 자신들의 수고를 위로하곤 합니다.

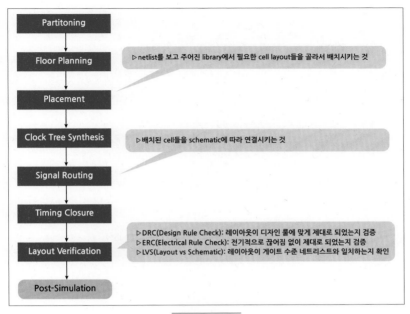

다음은 각 단계에 대한 설명을 담은 도식입니다.

- Partitoning
- Floor Planning
- Placement
  - ▷ netlist를 보고 주어진 library에서 필요한 cell layout들을 골라서 배치시키는 것
- Clock Tree Synthesis
- Signal Routing
  - ▷ 배치된 cell들을 schematic에 따라 연결시키는 것
- Timing Closure
- Layout Verification
  - ▷ DRC(Design Rule Check): 레이아웃이 디자인 룰에 맞게 제대로 되었는지 검증
  - ▷ ERC(Electrical Rule Check): 전기적으로 끊어짐 없이 제대로 되었는지 검증
  - ▷ LVS(Layout vs Schematic): 레이아웃이 게이트 수준 네트리스트와 일치하는지 확인
- Post-Simulation

Back-end design

칩 설계는 이처럼 Fabless 기업과 Design House 기업 간 유기적 협력이 매우 중요합니다.

Fabless에서 주로 진행하는 Front-end design과 Design House에서 진행하는 Back-end design을 동시에 나타내면 아래와 같습니다.

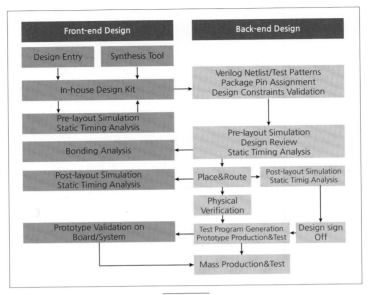

Front-end Design		Back-end Design	
Design Entry	Synthesis Tool		
In-house Design Kit		Verilog Netlist/Test Patterns Package Pin Assignment Design Constraints Validation	
Pre-layout Simulation Static Timing Analysis		Pre-layout Simulation Design Review Static Timing Analysis	
Bonding Analysis			
Post-layout Simulation Static Timing Analysis		Place&Route	Post-layout Simulation Static Timig Analysis
		Physical Verification	
Prototype Validation on Board/System		Test Program Generation Prototype Production&Test	Design sign Off
		Mass Production&Test	

칩 설계 과정

04 반도체 제조

半導體의 半만 알아도 세상을 이해한다

여러분은 '웨하스' 좋아하시나요? 얇은 과자가 겹겹이 쌓여 있고 그 사이사이에 크림이 발라져 달달하고 바삭바삭한 그 과자요. '웨하스'라는 말은 영어로 '얇은 조각'을 뜻하는 '웨이퍼스'(wafers)가 변한 말입니다. 영어를 못하는 일본에서 이를 '우에하스'(ウエハ―ス)라 불렀는데, 이것이 우리나라에 들어와서 '웨-화-쓰'로 불리게 됩니다.

웨하스를 먹으며 설계가 끝난 회로가 어떻게 반도체로 탄생하는지 달달하게 알아보겠습니다.

반도체 제조_전(前)공정

대부분의 사람이 웨하스를 먹어 본 것처럼 반도체에 관심 없는 일반인도 웨이퍼를 봤을 겁니다. 조 바이든 미국 대통령이 지난해 워싱턴 백악관에서 열린 '반도체 화상회의'에서 삼성전자 등 우리 나라 반도체 회사들에게 미국 투자를 압박할 때 손에 들고 흔들던 원형 모양의 거울이 300mm 웨이퍼였습니다. 올해 한미 정상회담 시 삼성전자 평택 공장을 방문해서 바이든 대통령이 서명한 곳도 300mm 웨이퍼였습니다.

웨이퍼는 반도체의 기본 소재로 우리가 먹는 피자로 치면 도우에 해당합니다. 얇게 편 도우 위에 피망이나 소시지 등으로 토핑하여 피자를 만드는 것처럼 웨이퍼라는 얇은 기판 위에 다수의 동일 회로를 만들어 반도체가 탄생합니다.

그럼 반도체 재료인 '웨이퍼(wafer)'는 어떻게 만들까요?

웨이퍼의 주성분은 실리콘인데 우리말로는 규소로 우리가 흔히 보는 모래에서 추출합니다. 모래에서 추출한 실리콘을 뜨거운 열로 녹여서 고순도의 실리콘 용액을 만든 뒤 굳히면 기다란 원통 모양에 끝이 뾰족한 '잉곳'이 됩니다, 이 잉곳을 다이아몬드 커팅기로 소시지 썰 듯 얇게 잘라내 원판의 웨이퍼를 만듭니다. 다이아몬드 커팅기로 잘랐기 때문에 표면이 울퉁불퉁해서 실제 반도체 공정에 사용할 수 없어 연마액과 연마 장비로 아주아주 매끈하게 만들어 주어야 합니다. 이 웨이퍼를 얼마나 불순물 없이 매끄럽게 만들 수 있느냐가 웨이퍼 제조사의 핵심 기술력입니다.

시장조사 업체 옴디아(Omdia)의 자료를 보면, 2020년 기준으로 세계

웨이퍼 시장점유율은 일본의 신에츠(31.2%)와 섬코(23.8%)가 55%, 대만 기업인 글로벌웨이퍼스가 16.7%, 독일의 실트로닉이 12.3%, 우리나라의 SK실트론이 10.6%로 세계 5위를 차지하고 있습니다. 이 5개 기업이 전체 시장의 90% 이상을 장악하고 있는 과점 시장이라고 할 수 있습니다.

설계를 마친 PG Data는 토판이나 포트로닉스 등 Mask 회사로 보내져 Mask가 제작됩니다. 삼성 내에서도 Mask를 자체 제작하였는데 Mask를 제작하기 위해서 'Mask 제작 의뢰서'도 먼지가 묻지 않는 특

수 종이로 출력하여 전달했던 기억이 생생합니다.

　반도체 하면 생각나는 것이 우주복 같은 옷을 입고 큰 방에서 일하는 여직원을 연상하는 경우도 많이 있습니다.

　이런 하얀 옷을 **방진복**이라고 하고 반도체가 생산되는 큰 방을 **클린룸**(Clean room)이라고 부릅니다. 반도체 제조 공정에서는 아주 작은 먼지, 입자 하나라도 들어가면 반도체 품질에 영향을 줄 수 있어 청정함을 생명으로 합니다.

　그래서 대부분 20대 초반의 꽃다운 나이의 여직원들이 화장품 하나 바르지 않은 맨얼굴로 방진복을 입고 에어샤워를 하고 클린룸에 들어가 작업을 합니다.

　생산라인 고참 여직원을 **LG**라고 부르는데 **Leader Girl**의 약자인 것은 제가 반도체 생산라인 실무 수습을 마친 후에 LG와 술 한잔하며 알게 된 사실입니다.

　방진복을 입으면 눈만 보입니다. LG는 실습을 마친 후 클린룸에서 나오는 저의 초롱초롱한(?) 눈빛을 보고 저를 담박에 알아봤습니다. 그때 자신은 연구소 직원이 부럽다고 하소연합니다.

통상 4조 3교대의 낮과 밤이 바뀌는 힘든 작업 환경이라 생산라인에서 일하는 여직원들 중 일부는 평일 낮 근무만 하는 연구소 직원들을 부러워합니다.

특히 GY조에 걸리면 죽음이라고 합니다. **GY**는 **Grave Yard**의 약어로 야간 근무조를 뜻하는데 원뜻은 교회 근처의 묘지를 뜻합니다. 그만큼 힘들다는 이야기겠지요.

[GY조는 야간 근무조]

Fab이란 Fabrication의 약어로 반도체를 제조하는 제조 공장을 의미합니다.

반도체를 제조하기 위해서는 원재료인 **Wafer**가 있어야 되고 Wafer는 주로 실리콘(Si) 단결정으로 만듭니다. 여기에 **Mask**[1]라는 설계 패턴이 그려진 유리 기판을 제작하여 Wafer 위에 사진의 필름처럼 찍습니다.

---

1 Mask: 설계 패턴이 그려진 유리 기판으로 Wafer 위에 설계 패턴을 전사하는 역할을 한다.

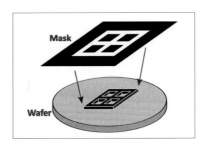

Mask는 패턴별로 수십 장이 필요하며 이런 유리 기판 각각을 Layer 라고 부릅니다.

FAB 기간, 즉 TAT를 예상할 때 통상 Mask Layer당 1.5~2.5일을 기준으로 하며 Mask Layer가 20장이라면 FAB에서 시제품 제작에만 두 달 넘게 소요됩니다.

이를 **CTPL**(Cycle Time Per Layer)라고 하여 반도체 개발 일정 수립에 참조하곤 합니다.

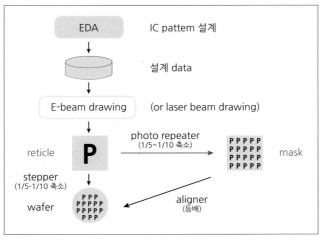

(출처: 반도체란 무엇인가_유영준)

반도체 제조는 사진을 인화하는 것과 흡사하다고 전 장에서 이야기했습니다.

즉 필름 역할을 하는 Mask의 패턴을 인화지 역할을 하는 Wafer 위에 찍는 과정이라고 볼 수 있습니다.

이렇게 칩을 만드는 과정은 마치 레고블럭을 쌓듯이 이루어집니다.

웨이퍼 표면에 여러 종류의 막을 쌓고 필요에 따라 어느 부분은 깎아내고, 어느 부분은 덮어씌우는 과정을 100여 단계 이상 거쳐야 비로소 반도체 칩이 만들어집니다.

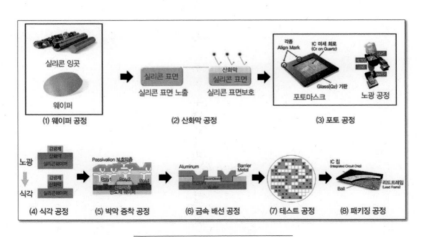

반도체 8대 공정_삼성반도체이야기 재구성

통상 반도체 공정을 반도체 8대 공정이라고 하는데 위 그림처럼

1. 웨이퍼 공정

2. 산화 공정

3. 포토 공정

4. 식각 공정

5. 증착 & 이온 주입 공정

6. 금속 배선 공정

7. EDS 공정

8. Packaging 공정

이 있습니다.

이 중 금속배선 공정까지를 전공정, EDS, PKG와 검사를 후공정이라고 합니다.

반도체를 제조하는 제조 공장 또는 제조 공정을 **Fabrication**(FAB)이라 하고, FAB 전(前)공정을 설명하면 다음과 같습니다.

▷ 산화 공정: Wafer 표면에 산화막(SiO_2)을 형성해 트랜지스터의 기초를 만드는 과정

▷ 포토 공정: Wafer 위에 노광기(Steppter)를 이용해 MASK의 회로 패턴을 그려 넣은 과정

▷ 식각 공정: 필요한 회로 패턴을 제외한 나머지 부분을 제거하여 반도체 구조를 형성하는 패턴을 만드는 과정

▷ 박막 증착 공정: 회로 간의 구분과 연결, 보호 역할을 하는 박막(thin film)을 만드는 과정

▷ 이온 주입 공정: Wafer 내부에 불순물을 침투시켜 반도체가 전기적인 특성을 갖도록 만드는 과정

▷ 금속 배선 공정: 반도체 회로에 전기적 신호가 잘 전달되도록 금

속선을 연결하는 과정

전공정을 또 **FEOL**(Front End Of Line), 주로 소자 제작에 필요한 공정과

BEOL(Back End of Line), 주로 배선 공정으로도 나눌 수 있습니다.

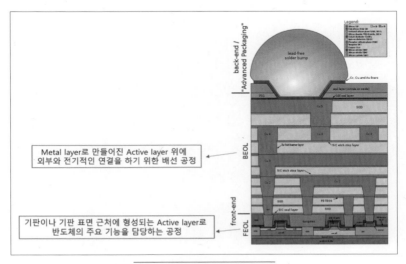

실제 반도체 단면 그림(출처: 위키피디아)

반도체 제조_후(後)공정

반도체 제조 공정이 끝나면 제조가 제대로 되었는지 테스트를 하게 됩니다.

이를 EDS[2]라고 하는데 웨이퍼 상태에서 전기적 특성 검사를 진행

---

2 EDS(Electrical Die Sorting): 전기적 특성 검사를 통해 개별 칩들이 원하는 품질 수준에 도달했는지를 확인하는 공정

하여 각각의 칩, Die라고 하는데 이 개개의 칩이 정상 동작하는지 검사하는 것을 뜻합니다.

테스트는 설계 단계에서 사용했던 신호들을 똑같이 보내서 제대로 출력이 되는지 확인하는데 이 입력 신호와 출력 신호들의 집합을 Test vector라고 합니다.

Test vector는 설계 엔지니어가 만드는데 이 벡터를 테스트 엔지니어가 테스트 장비에 맞게 프로그램을 작성하여 테스트를 진행합니다. Probe Card에 웨이퍼를 접촉시켜 전기적 특성 검사를 통해 각각의 칩이 원하는 품질 수준에 도달하는지 체크합니다.

그 후 양품 가능 여부를 판단해 수선(Repair) 가능한 칩은 다시 양품으로 만들고, 불가능한 칩은 Inking을 통해 불량으로 판정합니다. 불량으로 판정된 칩은 이후 조립 공정에서 제외됩니다.

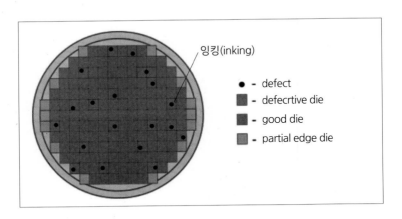

제가 삼성전자 기흥사업장에 근무할 때 종종 출장가던 곳이 온양사업장입니다.

온양 사업장은 반도체 Die를 최종 완제품 형태로 만드는 조립라인이 있는 곳입니다.

갈 때마다 온양 사업장은 기흥과는 다르게 공장 느낌이 많이 나는 곳이란 생각이 들었습니다.

점심시간에 모두 우르르 몰려나와 건물 앞에서 족구를 하는 모습이 인상적이었던 곳입니다.

반도체 전공정은 FAB 공정을 의미하고 그 후 PKG[3]와 Test를 후공정이라고 합니다.

EDS가 완료되면 우리가 흔히 보는 반도체 형태인 조립 공정으로 넘어 갑니다.

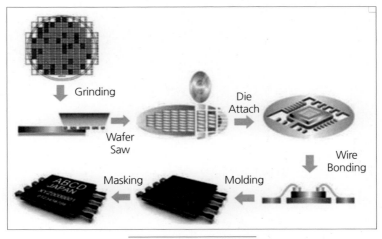

Packaging 공정(출처: 하나투자증권)

먼저 다이(Die)가 있는 웨이퍼 뒤쪽을 조립을 쉽게 하기 위해 얇게

---

3   Packaging: 반도체 칩을 외부 환경으로부터 보호하고, 전기적으로 연결해 주는 공정

갈아 냅니다. 이를 **Grinding** 한다고 합니다. 얇아진 웨이퍼를 스크라이브라인(Scribe line)대로 다이아몬드 톱을 이용해 Die들을 잘라 냅니다. 이를 **Sawing**이라고 합니다. 그 후 와이어 **본딩**(Wire Bonding), 몰딩(Molding) 과정을 거쳐 **마킹**(Marking)을 하면 우리가 흔히 볼 수 있는 반도체가 완성됩니다.

그 후 조립된 반도체 칩이 제대로 조립이 되었는지 **최종 테스트**[4](Final Test)를 합니다. 이때도 EDS 때 사용했던 Test vector를 이용합니다.

이 과정을 통과하면 비로소 완성된 반도체 칩을 얻을 수 있습니다.

그럼 바로 반도체 칩을 고객사에 판매할까요?

반도체는 통상 가전제품이나 자동차에 들어가기 때문에 10년 이상 끄떡없이 사용해야 합니다.

그래서 최종 완성된 제품을 매우 긴 시간 동안 가혹 조건을 주어 다시 테스트를 하여 내구성을 확인합니다.

또한, 시스템 반도체 특성상 최종 Set에서 제대로 작동되는지를 알기 위해 Evaluation Board를 만들어 시스템 레벨에서의 양산성을 확인합니다.

마지막으로 고객에게 판매하기 전에 Fabless 회사에서는 외부 전문 기관에 신뢰성 테스트[5]를 의뢰합니다.

---

4 Final Test: Packaging된 반도체 칩을 최종으로 검사하는 단계
5 반도체 칩의 신뢰성, 내구성을 테스트하는 것으로 수명시험, ESD, Latch-up Test 등이 있다.

신뢰성 테스트 (HTOL)장비(출처: QRT)

주로 1,000시간 이상의 가혹한 환경에서 테스트하는데 온도를 섭씨 125도에서 고온으로 테스트하거나 또는 영하 40도에서 테스트를 합니다. 그리고 습기 80%의 환경을 만들어서도 테스트를 합니다. 또한, 정전기에 반도체가 얼마나 견디는지 테스트하는 정전기 테스트인 **ESD**(Electro Static Discharge)와 과전류가 흘렀을 때 버텨내는지를 테스트하는 **Latch-up Test**를 진행합니다. 신뢰성 테스트를 통과하는 것을 줄여 **Qual**을 Pass했다고도 합니다.

REL. Qualification Report

The 1008H of reliability level PASS

Ⅰ. Product Reliability: PASS
▷ Preconditioning (Moisture Sensitive Level 3)
▷ Temperture Cycle
▷ High Temperature Storage Test
▷ Highly Accelerated Stress Test without bias

Ⅱ. Product Endurance: PASS
▷ Electrostatic Discharge (HAM, MM, CDM)
▷ Latch-Up

신뢰성 평가 보고서 예시

Fabless 회사에서는 완성된 칩이 나오면 Evaluation board 위에 붙이고, Software 등을 개발하여 Reference system을 완성합니다. Reference system 위에서 모든 기능이 올바로 동작하는지 검증하는데 이것을 **SV**, 즉 **System validation**을 한다고 합니다.

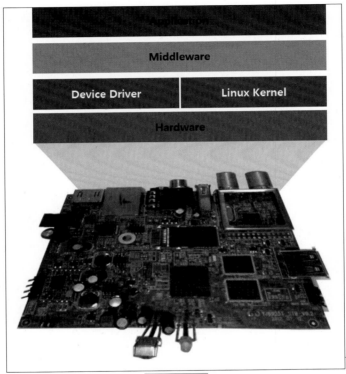

시스템 평가 예시

이런 내구성, 양산성, 신뢰성 등 내 외부적 검증을 최종적으로 마치면 비로소 고객사에 판매가 이루어집니다.

인문학적 반도체_개발 언어의 변천사

천재 철학자 비트겐슈타인은 《논리철학논고》에서 "언어의 한계가 곧 세계의 한계"라는 명언을 남겼습니다. 이는 우리 인간뿐 아니라 컴퓨터에게도 적용되는 철학적 명제입니다.

컴퓨터가 이해할 수 있는 언어를 '프로그래밍 언어'라고 합니다. 반면에 사람이 사용하는 언어는 저절로 생겨났기 때문에 '자연어'라고 부릅니다.

맨 처음 컴퓨터와 사람은 어떻게 소통했을까요?

컴퓨터는 단순합니다.

오직 0 아니면 1인 세상이 전부입니다.

2진수만을 이해하는 컴퓨터를 이해시키기 위해 초기 프로그래머들은 소위 '노가다'를 했습니다. 초기 컴퓨터에는 키보드나 모니터 같은 입출력 장치도 없었기 때문에 0과 1로만 코딩을 해서 '천공 카드(punched card)'에 구멍을 뚫어 컴퓨터에 집어넣었습니다. 구멍이 뚫린 것은 1이고 구멍이 뚫리지 않은 것은 0을 의미했기 때문에 컴퓨터가 알아먹은 것이지요.

이런 방식으로 0과 1로만 이루어진 언어를 1세대 언어인 '기계어(machine language)'라고 합니다.

당연히 2진수로만 이루어진 기계어는 컴퓨터가 바로 이해하기는 쉬워도 사람이 이해하기에는 너무 어려웠습니다. 그래서 기계어를 대신해 탄생한 것이 2세대 언어인 '어셈블리어(assembly language)'입니다. 어셈블리어의 특징은 기계어 1라인당 어셈블리 명령어가 대부분 1라인씩 대응되어 있고, 이를 비교적 간단하게 짤 수 있는 어셈블러를 통해 기계어로 변환되도록 한 것입니다. 이 때문에 어셈블리어는 고급 언어와 기계어 사이에 있다 하여 '중간 언어'라고도 불립니다.

문제는 기계어는 컴퓨터의 CPU가 채택한 ISA에 따라 다 다르기 때문에 어셈블리어의 명령어 역시 통일된 규격이 없습니다. 따라서 컴퓨터(CPU)가 바뀌거나 업그레이드가 된다면 코딩을 새롭게 해줘야 했습니다. 프로그래밍 언어가 다 그렇듯이 기계어에 가까울수록 바이너리 파일 크기가 작고 프로그램의 작동 속도가 빠릅니다. 어셈블리어는 C언어보다 훨씬 빠르므로 어떠한 프로그램을 만들어도 성능이 좋지만 너무 어렵고 노가다라 현재 운영 체제 커널은 개발자의 생산성과 프로그램의 성능을 고려한 절충안으로 C언어나 C++ 등 상위의 언어를 선택하는 경우가 많습니다.

3세대 언어로 불리는 'C언어'는 1972년 켄 톰슨(Ken Thompson)과 데니스 리치(Dennis Ritchie)라는 턱수염 가득한 두 괴짜 천재 해커들에 의해 개발되었습니다. 벨연구소 연구원인 켄 톰슨은 '멀틱스'라는 운영 체제 개발 경험을 토대로 PDP-7이라는 컴퓨터에서 돌아갈 새로운 운영 체제인 유닉스를 어셈블리어로 개발 중이었습니다. 그런데 한창 코딩을 하던 도중에 컴퓨터가 PDP-11이라는 최신 기종으로 업그레이드되어 어셈블리어를 다시 짜야 하는 불상사가 벌어졌습니다. 이때 동료인 데니스 리치는 B언어에 문자 타입을 추가하고 컴파일러를 다시 작성해서 PDP-11 기계어를 생성하도록 했습니다. 1973년에 기본적인 기능이 구현되었고 이름을 C언어로 불렀는데, B언어는 1969년 역시 켄 톰슨과 데니스 리치가 함께 멀틱스에서 사용하기 위해 개발한 프로그래밍 언어여서 B의 다음 버전이라서 그냥 C언어로 부르게 되었다고 합니다. 데니스 리치는 같은 해에 C언어로 유닉스를 다시 작성하기 시작하여 데이터를 정의할 수 있는 구조체 타입(structure type)을 완성하였습니다. 그래서 자기가 만든 프로그래밍 언어로 운영 체제까지 만든 데니스 리치를 C언어의 아버지로 부르고 있습니다.

이후 C언어와 유닉스는 컴퓨터 역사에 지대한 공헌을 하게 됩니다. C언어로부터 C++, C#, JAVA, 파이썬과 같은 수많은 파생 언어가 탄생했고, 유닉스로부터 리눅스, 안드로이드, iOS 같은 수많은 파생 운영 체제가 만들어졌습니다.

3장. 반린이 탈출 문제

1. 다음 중 일반적인 SoC 반도체 설계 과정을 가장 잘 나타낸 것은?

① RTL Description → High Level Description → Synthesis → Pre-Sim

② High Level Description → RTL Description → Synthesis → Pre-Sim

③ Pre-Sim → High Level Description → Synthesis → RTL Description

④ High Level Description → Synthesis → RTL Description → Pre-Sim

> C언어처럼 인간이 이해하기 쉬운 상위 수준 언어로 설계를 시작하여 레지스터 전달 수준(RTL)인 HDL(Hardware Description Language)이라는 하드웨어 언어를 사용하여 설계를 하여 Synthesis라는 합성 단계를 거치면 Gate level Netlist가 생성되고 이를 검증하는 것을 Pre-Simulation이라고 한다.

2. 반도체 설계 시 주요 고려 요인이 아닌 것은?

① Performance   ② Nanometer

③ Power   ④ Area

> 나노미터는 미터의 십억분의 1에 해당하는 길이의 단위로 반도체의 미세 공정 단위로 주로 쓰인다.

3. 반도체 설계는 Front-end design과 Back-end design으로 구분할 수 있다. 다음 중 Front-end design 단계로 보기 어려운 것은?

① High Level Description   ② RTL Description

③ Logic Synthesis   ④ P&R

> P&R은 Placement & Routing의 약자로 Front-end design에서 설계한 cell을 배치하고 연결하는 Back-end design 단계를 의미한다.

4. 다음 중 반도체 제조 공정 중 포토 공정에서 사용하는 미세한 전자 회로가 그려진 유리판을 무엇이라 하는가 ?

① Mask   ② EDS

③ Package   ④ FAB

Mask는 미세한 회로 패턴이 그려진 유리 원판으로 사진의 필름에 비유된다

5. 반도체 설계 후 합성(Synthesis) 시 input file이 아닌 것은 ?

① RTL   ② 셀 라이브러리

③ SDC   ④ Netlist

Gate level의 Netlist는 합성 후 나오는 Output file이다.

정답 1. ②   2. ②   3. ④   4. ①   5. ④

4

반도체 회사들은
어떤 사업을 하나?

01 반도체 비즈니스 이해

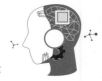

半導體의 半만 알아도 세상을 이해한다

반도체 생태계의 이해

여러분은 주식을 많이 하시는지요?

아마 주식을 하는 대부분은 삼성전자 주식 몇 주씩은 가지고 계실 것입니다.

그래서 그런지 삼성전자 개인 지분율이 사상 첫 7%를 돌파해서 사상 최초로 기관보다 더 많아졌다는 기사가 나왔습니다.

(출처: 매일경제, 20.01.10)

그럼 계속 삼성전자 주식을 사야 할까요? 10만 전자를 바라보고 투자한 개미들은 5만 전자로 내려앉은 현실에 어쩔 줄 몰라 합니다.

반도체 분야에는 삼성전자 같은 종합 반도체 기업(IDM, Integrated Device Manufacturer) 외에도 다양한 형태의 반도체 회사들이 있습니다.

요새 신문 기사에 많이 오르내리는 파운드리 기업인 TSMC라든가, IP 기업인 ARM이라든가, EUV 장비를 만드는 ASML 등입니다.

이번 장에서는 다양한 형태의 반도체 기업들과 이들 기업의 특징을 알아보는 시간을 가지겠습니다.

이 기회에 다양한 형태의 주요 기업들을 좀 더 알아보고 투자를 해도 좋을 것 같습니다.

왜냐하면 AI, 자율주행 자동차, IoT 등 4차 산업혁명을 이끌기 위해서는 반도체가 필수이기 때문입니다.

반도체 비즈니스는 삼성전자처럼 자신들이 직접 칩을 기획부터 하고 설계하고 제조하고 조립하여 판매까지 하는 경우도 있지만, 대부분 중소 반도체 회사들은 설계만 자신들이 하고 나머지는 외부에서 진행하는 경우가 많습니다.

왜냐하면 직접 제조를 하기 위해서는 제조 공장인 FAB 라인이 있어야 하는데 이런 FAB 공장을 지으려면 수십조 원 이상의 어마어마한 돈이 들어가기 때문입니다.

설계 후 Layout 업무도 주로 디자인하우스라는 외부 전문 기관에 맡기는데 그 이유도 Layout을 하기 위한 EDA Tool들이 고가이고, 이들 tool을 다루는 데도 전문적인 기술이 필요하기 때문입니다.

그래서 대부분의 Fabless 회사들은 자신들이 만들 칩을 기획하여 칩 전반부 설계까지 하고, 그 후 나머지 과정은 외부 전문 기관에 의

뢰하여 칩이 제조되어 나오면, 그 칩을 평가하고 판매하는 형태로 이루어집니다.

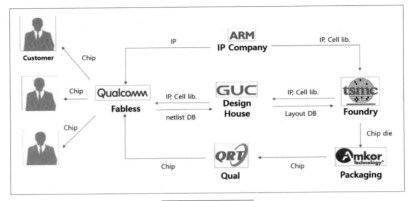

Fabless 회사의 Biz 흐름

위 그림은 아날로그 칩을 설계하는 회사를 제외한 대부분의 Fabless 회사의 비즈니스 업무 흐름입니다.

팹리스 회사는 칩 사양을 결정하고 칩 전단 설계인 RTL 설계 및 합성하여 NetList를 release하면 디자인하우스에서 칩 후단 설계인 Layout을 진행합니다.

FAB은 여러 IP 회사들이 제공한 Library들이 porting 되어 있어 이를 Fabless 회사에 Design kit 형태로 제공합니다.

Fabless 회사들은 자신이 설계하지 않는 Block은 외부 전문 IP 회사로부터 도입하여 설계하고 있습니다.

FAB이 완료되면 조립 회사에서 조립 및 F/T를 하는 경우가 많습니다.

이후 F/T 완료된 칩을 최종 신뢰성 검증하여 고객사에 판매하는 비즈니스 흐름입니다.

이런 비즈니스 영역을 기업 유형에 따라 좀 더 쉽게 나타내면 다음과 같습니다.

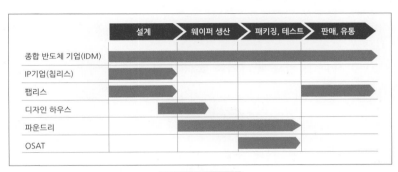

(출처: 삼성반도체이야기)

반도체는 크게 설계, 생산, 조립·검사, 유통 과정을 거쳐 탄생합니다.

기업들 중에는 이 모든 역할을 수행하는 종합 반도체 기업(IDM)도 있고, 파운드리나 팹리스처럼 특정 역할을 전문적으로 담당하는 기업도 있습니다.

이에 대해서는 다음 장에서부터 자세히 살펴보겠습니다.

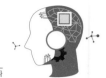

02 다양한 반도체 회사들

半導體의 半만 알아도 세상을 이해한다

IDM

먼저 IDM에 대해 알아보겠습니다.

IDM이란 **종합 반도체 기업**을 뜻하며 한 회사가 웨이퍼 생산 설비인 FAB을 갖추고 있고, 반도체 설계, 웨이퍼 가공, 패키징, 테스트로 이어지는 반도체를 만들기 위한 일련의 과정을 모두 수행하는 기업을 의미합니다.

주요 기업으로는 삼성전자, 인텔, 하이닉스, TI, 마이크론 등이 있습니다.

IDM의 특징은 FAB을 가지고 있고 제품 경쟁력을 위해서는 공정 미세화를 계속 진행해야 해서 FAB에 대한 천문학적 금액의 투자가 지속적으로 이루어져야 합니다.

따라서 삼성, SK 등 많은 자본을 가진 대기업들만이 사실상 가능한 비즈니스 모델로, 특히 소품종 대량생산 품목인 메모리에 적합한 비즈니스 모델입니다.

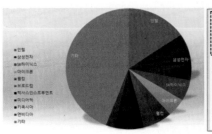

(단위: 백만달러, 시장점유율)

1. 인텔 (Intel): 70,244 (15.6%)
2. 삼성전자 (Samsung Electronics): 56,197 (12.5%)
3. SK하이닉스 (SK hynix): 25,271 (5.6%)
4. 마이크론 (Micron Technology): 22,098 (4.9%)
5. 퀄컴 (Qualcomm): 17,906 (4.0%)
6. 브로드컴 (Broadcom): 15,695 (3.5%)
7. 텍사스인스트루먼트 (Texas Instruments): 13,074 (2.9%)
8. 미디어텍 (MediaTek): 11,008 (2.4%)
9. 키옥시아(KIOXIA, 도시바메모리): 10,208 (2.3%)
10. 엔비디아(Nvidia): 10,095 (2.2%)
11. 기타 (Others): 198,042 (44.0%)

2020년 세계 반도체 기업 Top 10(출처: Gartner)

이 도표는 2020년 세계 반도체 기업 Top 10 순위인데, 1위 인텔부터 4위 마이크론까지가 종합 반도체 기업이라는 사실을 발견할 수 있습니다.

2021년 기준으로 인텔을 근소하게 재치고 다시 삼성이 1위를 탈환했다는 기사가 나왔습니다. 특히 전 세계 메모리 반도체 시장의 70% 이상을 우리나라 기업인 삼성과 하이닉스 반도체가 차지하고 있습니다.

메모리 경기가 나빠져서 올해 반도체 매출 1위 기업은 삼성전자가 아니라 TSMC일 가능성이 있습니다. 그런데 위 표에서 TSMC가 안 보이는 이유는 가트너등 다수의 시장조사 기관이 제품 매출, 즉 자신의 브랜드로 반도체를 판매하는 회사의 매출만을 집계하기 때문입니다. TSMC는 자체 브랜드의 제품을 만들지 않고 애플, 퀄컴, AMD 등 해외 유수의 반도체 기업들의 위탁 생산만으로 올해 3분기 반도체 매출 1위를 달성했습니다.

(단위: 백만 달러 증감률)

	본사소재지	2021년		2020년		증감률
		매출액	순위	매출액	순위	
삼성전자	대한민국	83,085	1	61,853	2	34%
인텔	미국	75,550	2	76,328	1	-1%
TSMC	대만	56,633	3	45,572	3	24%
SK하이닉스	대한민국	37,257	4	27,075	4	38%
마이크론	미국	30,087	5	22,075	5	33%
퀄컴	미국	29,136	6	19,357	6	51%
엔비디아	미국	23,026	7	17,774	8	57%
브로드컴	미국	20,963	8	17,744	7	18%
미디어텍	미국	17,551	9	10,985	23	60%
TI	미국	16,904	10	13,574	9	25%
AMD	미국	13,616	12	11,225	15	65%
인피니언	유럽	12,574	14	10,178	11	21%
애플	미국	13,430	13	11,440	10	17%
ST마이크로	유럽	12,574	14	10,178	14	24%
키옥시아	일본	12,132	15	10,553	13	15%
NXP	유럽	10,715	16	8,391	17	28%
ADI	미국	10,079	17	8,127	19	24%

2021년 세계 반도체 기업 Top 10(출처 _ IC Insight)

Fabless

두 번째로 팹리스 기업입니다.

FAB, 즉 반도체 생산 공장 없이 반도체 설계만 하는 기업으로 생산은 Foundry에 외주로 진행하여 자체 브랜드로 판매하는 기업을 뜻해서 Fabless 기업이라고 합니다.

주요 기업으로는 브로드컴, 퀄컴, 엔비디아, 미디어텍 등이 있고 국내는 실리콘마이스터, 텔레칩스 등이 있습니다.

팹리스 회사의 특징은 Fab을 가지고 있지 않아 대규모 자본이 투입되지 않아 비교적 리스크가 크지 않습니다. 물론 미세 공정의 경우 시제품만 제작하는 데 몇십억 원 이상 소요되지만, Fab 자체를 가지고 있지 않아 회사가 뛰어난 기술력과 우수한 설계 인력을 보유하고 있다면 시장에서 충분히 성공할 수 있는 사업 형태입니다.

당연히 다품종 소량생산 품목인 시스템 반도체에 유리하다고 하겠습니다.

팹리스(Fabless) 기업

반도체 설계만 하는 기업으로 생산은 Foundry에 외주로 진행하여 자체 브랜드로 판매하는 기업을 뜻함

주요기업: ⓐBROADCOM Qualcomm ⊗NVIDIA MEDIATEK AMD⌁

특징: FAB을 외주 위탁하여 반도체를 제조하기 때문에 대규모 자본이 투입되지 않아 비교적 리스크가 크지 않음
특히 다품종 소량 생산인 시스템 반도체 분야에 유리함
고객의 니즈를 즉각적으로 반영하여 개발할 수 있는 기술력과 우수한 설계 인력이 필수임

아래 표는 2020년 팹리스 기업 매출 순위입니다.

1	퀄컴 (Qualcomm)	미국	194억 700만달러	6	자일링스 Xilinx	미국	30억 5300만 달러
2	브로드컴 (Broadcom)	미국	177억 4500만 달러	7	마벨 Marvell	미국	29억 4200만 달러
3	엔비디아 (Nvidia)	미국	154억 1200만 달러	8	노바텍 Novatek Microelectronlcs	대만	27억 1200만 달러
4	미디어텍 (MediaTek)	대만	109억 2900만 달러	9	리얼텍 Realtek	대만	26억 3500만 달러
5	AMD	미국	97억 6300만 달러	10	다이얼로그 Dialog Semiconductor	영국	13억 7600만 달러

2020년 Fabless 기업 Top 10(출처: 트랜드포스)

브로드컴과 퀄컴이 1, 2위를 다투고 있는 상황입니다.

브로드컴은 STB와 차량용 반도체 칩에서, 퀄컴은 CDMA 칩과 AP 칩에서 주로 매출이 발생하고 있습니다. 3위는 엔비디아인데 주력 제품인 GPU가 인공지능 시대에 데이터를 병렬로 효율적으로 처리할 수 있어 매출이 급증하고 있는 상황입니다. 특히 엔비디아는 작년에 400억 달러(약 53조 원)에 세계적 IP 회사인 ARM을 인수한다고 발표했지만 현재 영국 정부가 인수를 불허하였습니다. 현재는 SK하이닉스와 퀄컴, 삼성 등 주요 반도체 기업들이 잇따라 ARM 인수 의향을 타진하고 있습니다만 ARM사의 존재감이 너무 커서 한 기업이 인수하기에는 무리가 있어 보입니다.

Foundry

세 번째로 파운드리 기업입니다.

파운드리 기업은 반도체 생산 공정만 전담하는 기업으로 팹리스(시
스템 반도체 회사)로부터 생산을 위탁받아 진행하는 기업을 의미합니다.

주요 기업으로 TSMC, 삼성전자 파운드리사업부, UMC, 글로벌파
운드리, SMIC 등이 있고, 국내는 아날로그 반도체 위주인 DB하이텍
이 있습니다.

파운드리 회사의 특징은 반도체 생산 공정만을 전담하기 때문에
Fabless 기업이 존재하는 한 지속적인 성장이 가능한 비즈니스 모델
이라는 점입니다.

특히 5nm에 이르는 미세 공정을 진행해야 해서 팹리스 기업뿐 아
니라 IDM 기업들도 직접 자신의 팹이 아닌 파운드리에 위탁 제조하
고 있습니다.

파운드리 회사는 IP를 자체적으로 설계하거나 IP 회사와 제휴를 통
해 다양한 IP를 생산 공정에 Porting 하여 다양한 팹리스 회사 입맛에
맞게 제공해야 경쟁력이 있습니다.

또한, 수율을 높이기 위한 고도의 생산 기술을 가지고 있어야 합니다.

파운드리 (Foundry) 기업

반도체 생산공정만 전담하는 기업으로 팹리스(시스템 반도체 회사)로 부터 생산을 위탁받아 진행하는 기업

주요기업:

특징: 반도체 생산공정만을 전담하기 때문에 Fabless기업이 존재하는 한 지속적인 성장이 가능한
비즈니스 모델임
IP를 자체적으로 설계하거나 IP회사와 제휴를 통해 다양한 IP를 생산공정에 Porting해 두어야 함
반도체 수율을 높이기 위한 고도의 생산기술이 필요함

2021년 1분기 전 세계 파운드리 시장점유율(매출액 기준)을 보면, TSMC
가 55%를 차지하며 독보적으로 앞서 나가고 있으며, 그 뒤를 삼성전
자(17%), UMC(7%), 글로벌파운드리(5%), SMIC(5%) 등이 잇고 있습니다.

(단위: 백만 달러)

순위	파운드리		매출액			시장점유율	
	국적	업체명	1Q21	4Q20	QoQ	1Q21	4Q20
1	대만	TSMC	12,902	12,696	2%	55%	54%
2	한국	삼성전자	4,108	4,177	-2%	17%	18%
3	대만	UMC	1,677	1,591	5%	7%	7%
4	미국	GF	1,301	1,591	5%	7%	7%
5	중국	SMIC	1,104	981	12%	5%	4%
6	대만	PSMC	388	340	14%	2%	1%
7	이스라엘	Tower	347	345	1%	1%	1%
8	대만	VIS	327	306	7%	1%	1%
9	중국	HHGrace	305	280	9%	1%	1%
10	중국	HLMC	295	300	-2%	1%	1%
상위 10개 업체 합계			22754	22569	1%	96%	96%

2021년 1분기 Foundry 기업 Top 10(출처: 트랜드포스)

TSMC는 세계 최초로 파운드리 비즈니스 모델을 창시한 기업으로
모리스 창(Morris Chang, 張忠謀)이라는 사람이 설립한 대만 회사입니다.
TSMC 창업자 모리스 창에 대해 《TSMC 반도체 제국》이라는 책에

서는 다음과 같이 말합니다.

> 56세 나이에 전자 기업을 창업한 사람
>
> 이건희 회장의 영입 제안을 단칼에 거절한 사람
>
> 74세의 나이에 다시 취업한 사람
>
> 세계 2위 패권국을 벌벌 떨게 한 사람

(출처: 《TSMC 반도체 제국》_상업주간)

5nm 미세 공정에 대대적인 투자로 세계 파운드리 시장의 50% 이상을 차지하고 있고, 그 뒤를 삼성전자가 시스템 반도체 분야 투자를 확대하여 파운드리 사업을 강화하고 있습니다. 삼성전자는 설계도 직접하는 IDM 기업이어서 애플 등 반도체를 위탁 생산하는 기업들은 혹시 자신들의 설계 기밀이 빠져나갈까 봐 우려하여 삼성 파운드리에 위탁 생산을 꺼리는 경향이 있습니다. TSMC는 '고객과 경쟁하지 않는다'라는 독특한 비즈니스 모델로 삼성전자가 그런 것처럼 대만의 국민기업이 되었습니다.

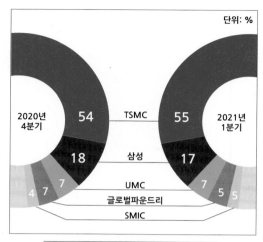

단위: %

	2020년 4분기		2021년 1분기
TSMC	54		55
삼성	18		17
UMC	7		7
글로벌파운드리	7		5
SMIC	4		5

반도체 파운드리 기업 시장 점유율(출처: 중앙일보)

IP기업

네 번째로 **IP**(Intellectual Property) 기업입니다.

IP 기업이란 Standard Cell들의 집합이라 할 수 있는 셀 라이브러리나 Core 등 특정 설계 블록을 팹리스나 IDM, 파운드리 등에 제공하고 IP 사용에 따른 라이선스료나 로열티를 받는 기업을 말합니다.

주요 업체로는 PC의 CPU격인 Core를 주로 만드는 **ARM**사, EDA 회사로 유명한 시높시스와 케이던스가 있습니다. VPU, GPU IP 전문으로는 이메지네이션과 국내의 **칩스앤미디어**가 있습니다.

(단위: 백만달러)

Rank	Company	2018	2019	Growth	2019 Share	Cumulative Share
1	ARM(Softbank)	1,610.	1,608.0	-0.1%	40.8%	40.8%
2	Synopsys	629.8	716.9	13.8%	18.2%	59.0%
3	Cadence	188.8	232.0	22.9%	5.9%	64.9%
4	SST	104.8	115.0	9.7%	2.9%	67.8%
5	Imagination Technologies	124.6	101.1	-18.9%	2.6%	70.4%
6	Ceva	77.9	87.2	11.9%	2.2%	72.6%
7	Verisilicon	66.3	69.8	5.3%	1.8%	74.4%
8	Achronix	52.5	50.0	-4.8%	1.3%	75.7%
9	Rambus	49.9	48.8	-2.2%	1.2%	76.9%
10	eMemory Technology	47.9	46.8	-2.3%	1.2%	78.1%
	Top 10 Vendors	**2,952.5**	**3,075.6**	**4.2%**	**78.1%**	**78.1%**
	others	790.2	862.4	9.1%	21.9%	100.0%
	total	3,742.7	3,938.0	5.2%	100.0%	100.0%

2019년 IP 기업 Top 10(출처: IPnest)

　　ARM사는 휴대폰 등 대부분의 소형 전자기기에 CPU 역할을 하는 영국 기업으로 전 세계 IP 시장의 40% 이상을 차지하고 있습니다. ARM은 모바일 시대의 인텔로 불리는데 저전력의 Core와 RISC 방식의 ISA를 제공하고 있습니다. Mali라는 GPU도 보유하고 있어 ARM 사와 계약하면 일단 AP는 만들어 볼 수 있습니다.

현재 Mobile 분야는 거의 ARM IP의 독무대로 대부분의 AP 제조사인 퀄컴, 삼성전자 등 90% 이상이 ARM Core가 내장된 AP를 사용하고 있습니다.

Apple사가 더 이상 Intel사의 CPU를 맥 PC에 사용하지 않고 자체 칩을 제작하기 때문에 ARM IP의 M/S는 더 증가할 것으로 예상됩니다.

그리고 현재 고성장 중인 자동차용 자율 주행 ADAS(Advanced Drive Assitance System) IC도 75%의 M/S를 차지하고 있습니다.

		2018		2028
		Market Share	Market Value	Market Value
Mobile	Applications processor	90%	$34bn	$47bn
	Other mobile chips	40%	$18bn	$23bn
Infrastructure	Networking	30%	$15bn	$20bn
	Data Center/Cloud	4%	$20bn	$28bn
Automotive	IVI and ADAS	75%	$7bn	$19bn
	Other automotive chips	10%	$5bn	$12bn

그러나 오픈소스 License Free Model인 SiFive사의 **RISC-V** IP가 등장해 도전장을 던지고 있어, ARM사도 이를 방어하기 위해 다양한 비즈니스 모델을 제안하고 있습니다.

디자인하우스

다섯 번째로 디자인하우스입니다.

디자인하우스(Design house)란 파운드리 비즈니스에서 팹리스 회사와 파운드리(foundry)를 연결시켜 주는 설계 서비스(Design service)를 제공하는 기업을 의미합니다.

즉 팹리스 기업이 설계한 제품을 각 파운드리 생산 공정에 적합하도록 최적화된 디자인 서비스를 제공하는 역할을 합니다.

쉽게 말해 팹리스 업체가 설계한 반도체 설계 도면을 제조용 설계 도면으로 다시 디자인하는 것을 의미합니다.

대부분의 팹리스 기업은 레이아웃과 같은 백 앤드 디자인(Back end design)을 직접 수행하지 않고 디자인하우스를 이용합니다.

왜냐하면 Layout을 잘하기 위해서는 설계도 잘 알아야 하고 공정도 잘 알아야 하고 EDA Tool도 잘 다룰 줄 알아야 하기 때문입니다.

주요 기업은 TSMC가 출자한 대만의 **GUC**가 있습니다. 국내는 TSMC의 디자인하우스였던 **ADT**, 삼성전자의 디자인하우스인 가온칩스, 코아시아, 알파칩스, 위더맥스 등이 있습니다.

디자인하우스는 Back end design을 전문적으로 수행하여 많은 설계 경험과 Tool 사용 경험이 요구되나 국내의 경우 매출액이 수백억 원

내외, 고용 인원도 수백 명에서 수십 명의 중소기업이 대부분입니다.

디자인하우스 (Design House)

팹리스 기업이 설계한 제품을 각 파운드리 생산공정에 적합하도록 최적화된 디자인 서비스를 제공하는 기업

주요기업: GUC   ADTechnology   GAON CHIPS

특징: 후단 설계인 Back and design을 전문적으로 수행하여 많은 설계 경험과 Tool 사용 경험이 요구됨
국내의 경우 매출액 수백억 원 내외, 고용 인원 수십 명의 중소기업이 대부분임

삼성 파운드리 사업부는 아래와 같이 **DSP**(Design Solution Partner) 멤버를 선정하여 자신들의 파운드리 Eco system 생태계를 조성하고 있습니다.

DSP Members (출처: 삼성 Foundry)

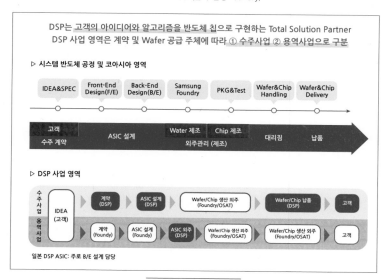

DSP개념(출처: 코아시아 IR)

통상 디자인하우스는 Spec부터 잡아 주는 Level 0에서부터 P&R까지 진행하는 Level 2까지 다양한 수준의 비즈니스 레벨을 운영하여 Fabless 기업과 협업하고 있습니다.

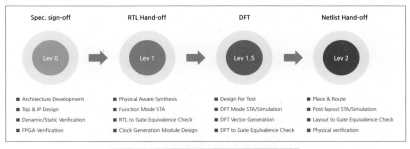

디자인하우스 비즈니스 레벨(출처: 위더맥스 홈페이지)

제 친한 선·후배들이 디자인하우스 대표들입니다. 나름 먹고사는데 문제는 없지만 어서 빨리 국내도 GUC처럼 시총 2조 원이 넘는 유니콘 디자인하우스가 나왔으면 좋겠습니다.

EDA 기업

여섯 번째는 EDA 기업입니다.

EDA는 Electronic Design Automation의 약자로 반도체 개발 시 칩의 설계, 검증, 생산을 자동으로 쉽게 해 주는 tool을 제공하는 기업을 의미합니다.

시놉시스, 케이던스, 멘토(현재는 지멘스로 통합됨) 이렇게 3개 기업이 대부분의 EDA Tool 시장을 독점하고 있습니다.

초기 반도체 설계 기술과 함께 발전하여 설계 기술 및 환경상 신규 기업이 진입하기 어려운 시장이며 대부분의 tool 가격이 고가여서 팹리스 회사들은 기간 한정 사용 계약을 맺어 사용하거나 정부 지원 사업을 통해 구매 도움을 받고 있습니다.

EDA (Electronic Design Automation) 기업
반도체 개발 시 칩의 설계, 검증, 생산을 자동으로 쉽게 해주는 tool을 제공하는 기업

주요기업: **SYNOPSYS** **cādence** **SIEMENS** **Mentor** 2016년 멘토 인수 후
2021년 지멘스로 명칭 변경

특징: 초기 반도체 설계 기술과 함께 발전하여 설계기술 및 환경상 신규 기업이 진입하기 어려운 시장임
Tool 가격이 대부분 고가이기 때문에 기간을 정해 임대하여 사용하는 구매계약을 체결함

반도체 EDA Tool은 Resource 소모량이 매우 많기 때문에 Windows 운영 체제에서는 사용이 힘듭니다.

이 때문에 **Linux** 운영 체제를 갖춘 서버 플랫폼에서 실행되는 것이 일반적이며 저장 공간도 **NAS**(Network Attached Storage)를 사용합니다.

서버 플랫폼을 예전에는 워크스테이션이라고 불렀는데, 요새는 PC 사양이 좋아져서 고성능 PC나 노트북을 사용하고 있습니다.

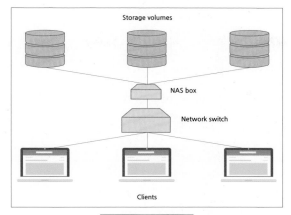

Storage volumes

NAS 구조도(출처: Redhat)

OSAT

　일곱 번째로 **OSAT**(Outsourced Semiconductor Assembly And Test)는 반도체 패키징 및 테스트 수탁 기업으로 **어셈블리 기업, 패키징 기업**이라고도 불립니다.

　폭넓은 의미에서 반도체 후공정 업계를 뜻하는데, 반도체 후공정은 크게 조립과 테스트로 볼 수 있습니다.

　주요 기업으로는 **ASE, AMKOR, JCET** 등이 있습니다.

　ASE는 대만 기업으로 전 세계 시장점유율 1위를 기록하고 있는 회사로 한국을 비롯해 중국, 일본 등 여러 국가에 조립라인을 두고 있습니다.

OSAT 기업의 특징은 반도체 후공정을 하고 있기 때문에 파운드리 기업과 동반 성장한다는 점입니다.

대만에 OSAT 기업이 많은 이유도 TSMC, UMC 등 파운드리 기업이 성장함에 따라 OSAT 기업들도 같이 성장했기 때문입니다.

OSAT(Outsourced Semiconductor Assembly And Test)
팹리스 기업이 설계한 제품을 각 파운드리 생산공정에 적합하도록 최적화된 디자인 서비스를 제공하는 기업

주요기업: ⚙ ASE GROUP **Amkor** Technology *G*JCET

특징: 반도체 후공정상 OSAT 기업은 파운드리 기업과 동반 성장하는 추세임

또한, FAB보다는 못하지만 많은 자본이 투자되는 사업으로 M&A도 자주 일어나는 분야입니다.

국내 아남반도체 조립 부문도 2000년대 초반 매각되어 암코(Amkor)가 되었고, 현대전자 조립사업부의 전신인 칩팩코리아도 중국 기업인 JCET에 인수되었습니다.

2018년 OSAT 기업 Top 10(출처: Market research reports)

반도체 장비 및 소재 기업

여덟 번째로 반도체 장비 및 소재 기업입니다.

뭐든 '장비발'이 중요합니다. FAB을 짓기 위해서는 당연히 땅과 건물이 있어야 하지만, 그 외 대부분의 돈이 장비 사는 데 들어갑니다. 생산라인에 따라 차이가 있지만 반도체 장비 비중이 80~90%에 달한다고 합니다.

유명 반도체 장비나 소재 기업도 대부분 미국, 일본, 유럽 등이 차지하고 있습니다. 시장조사 업체 가트너(Gartner)에 따르면, 미국 어플라이드 머티어리얼즈(AMAT), 네덜란드 ASML, 미국 램리서치, 일본 도쿄일렉트론(TEL) 등 반도체 장비 업체 상위 4개사 점유율이 2021년 기준 70% 수준입니다. 국내는 세메스가 그나마 세계 13위에 올라 체면 치레를 할 수 있었습니다. 반도체 장비업체 중 가장 주목받는 기업은 극자외선(EUV) 노광 장비를 만드는 ASML입니다. ASML은 최첨단 공정에 필요한 EUV 장비를 생산하는 세계 유일한 회사로 삼성전자, 인텔, 대만 TSMC 등 글로벌 반도체 기업들이 ASML의 장비를 구하기 위해 수천억 원을 싸들고 줄을 설 정도로 힘이 막강해 '슈퍼을'로 불립니다. 미국은 트럼프 정부에 이어 바이든 정부에서도 중국의 반도체 굴기를 막기 위해 ASML의 노광 장비의 중국 수출을 금지하고 있습니다.

반도체 장비 및 소재 기업의 특징은 업체에 따라 반도체 공정별 핵심 기술 투자에 따라 진입 장벽이 높다는 것입니다. 요새 부품 수급이 어려워져 반도체 장비에 들어가는 부품 수급 공급망 생태계 구축이 매우 중요해진 상황입니다.

반도체 장비 및 소재 기업

반도체 제조 및 조립, 검사 시 필요한 반도체 장비 및 반도체 소재 기업을 의미함

주요기업: APPLIED MATERIALS. ASML Lam RESEARCH TEL

특징: 반도체 수요 예측에 따라 선제적 대규모 R&D 투자가 필요하여 진입 장벽이 높음
반도체 장비에 들어가는 부품 수급이 어려워 부품 공급망 생태계 구축이 필요함

반도체 장비 및 소재 기업

순위	국가	기업	매출액(백만엔)	M/S
1	미국	Applied Materials	16.365	17.7%
2	네덜란드	ASML	15.396	16.7%
3	미국	Lam Research	11.929	12.3%
4	일본	Tokyo Electron	5.443	5.9%
5	미국	KLA	2.531	2.7%
6	일본	Advantest	2.331	2.5%
7	일본	SCREEN	2.259	2.4%
8	미국	Teradyne	1.717	1.9%
9	일본	Hitachi High-Tech	1.516	1.6%
10	네덜란드	ASM International	1.455	1.6%
11	일본	Kokusai Electric	1.085	1.2%
12	일본	Nikon	1.065	1.1%
13	한국	SEMES	1.056	1.1%
14	싱가포르	ASM Pacific	1.027	1.1%
15	일본	Daifuku	940	1.0%

2020년 반도체 장비 기업 TOP 15(출처: VLSI research)

인문학적 반도체_반도체 공급망과 네온

> 이것이 있으면 저것이 있고(此有故彼有)
>
> 이것이 없으면 저것이 없고(此無故彼無)
>
> 이것이 생하면 저것이 생하고(此生故彼生)
>
> 이것이 멸하면 저것이 멸한다.(此滅故彼滅)

불교의 연기법(緣起法)입니다.

반도체에서도 연기법이 작용합니다. 반도체 공급망에 문제가 생긴 이유 중 하나도 러시아가 우크라이나를 침공해서 벌어졌습니다.

우크라이나 전쟁으로 밀 공급이 안 된다는 말은 들어 봤어도 반도체 공급에 문제가 발생한다는 말은 처음일 겁니다.

반도체 회로를 아주 미세하게 새기거나 깎거나 깨끗하게 씻어내기 위해서는 많은 화학 가스들이 필요합니다. 그중의 하나가 네온가스입니다.

네온이란 단어가 어딘가 낯익지 않으신가요? 밤하늘을 밝히는 네온사인의 그 네온 말입니다.

네온은 공기 중에 0.00182%밖에 포함되어 있지 않은 희귀 가스로, 반도체 노광 공정에서 사용되는 매우 짧은 파장의 자외선인 엑시머 레이저(Excimer Laser)를 발생시키는 가스(Gas)의 원재료입니다. 더 정확히는 노광 공정에 실제로 쓰이는 아르곤과 불소가 제대로 일하도록 하는 역할을 하는 것이 네온입니다.

그런데 이 네온의 70% 정도가 우크라이나에서 나옵니다. 얼마 전 우리나라 포스코에서 국산화에 성공하였듯이 네온은 대기 중에 아주 적은 양만 존재하여 기술만 있으면 지구상 어디에서나 추출할 수 있습니다. 그런데 반도체도 만들지 않는 우크라이나에서 네온이 많이 생산되는 원인은 무엇일까요? 바로 제철소 때문입니다. 제철소에서 강철을 만들면 그 부산물로 네온이 나오는데 우크라이나에는 이런 구식 제철소가 많기 때문입니다. 식량인 밀뿐 아니라 산업의 쌀이라 불리는 반도체에도 우크라이나는 세계와 연결되어 있습니다.

연기론과 인과론은 어떤 차이가 있을까요?

연기는 의존하여 일어난다는 뜻입니다. 인이라는 직접 원인(Cause)과 연이라는 간접 원인(Condition)에 의해 일어나는 것을 지칭합니다.

반면에 인과론은 원인과 결과의 관계를 규명하는 이론으로 통상 인과관계에 의해 일어납니다.

인과관계가 일어나기 위해서는 3가지 요건이 필요합니다.

첫째, 한 변수가 변하면 다른 변수도 변하는 공동 변화

둘째, 원인 변수의 발생은 결과 변수의 발생보다 선행해야 한다는 시간적 선후성

셋째, 다른 가능한 원인이 존재하지 않아야 하는 외생 변수의 통제가 그것입니다.

새벽녘 풀잎에 맺힌 이슬은 네온과 함께 공기 중에 떠다니는 수증기라는 직접 원인과 일교차와 바람이라는 간접 원인에 의해 생겨납니다. 그것도 아침까지 잠깐 머물다 갑니다. 영원한 것은 없습니다. 따라서 연기법은 공(空)이요 무아(無我)이며 중도(中道)입니다

작년 말에는 요소수 대란이 있었습니다.

사실 저는 요소수라는 말을 그때 처음 들었습니다. 처음 들었을 땐 '새로운 생수 이름인가?' 했지요. 당연히 왜 디젤차에 요소수가 필요한지도 몰랐고요.

그런데 왜 디젤차에 요소수가 들어갈까요?

바로 환경 보호를 위한 배출 가스 규제 때문입니다.

디젤차에 달린 배기가스 저감 장치는 EU의 배출 가스 규제 때문에

생겨났습니다.

EU는 1992년 '유로 1'을 시작으로 '유로 6'까지 배출 가스 규제를 강화해 왔고 한국은 2014년부터 이를 적용 중입니다. 우리나라 허용치는 EU와 같아 디젤 승용차의 질소산화물 허용치는 0.08g/km, 3.5t 이상 중·대형 상용차는 0.4g/kWh 이하입니다.

요소수는 배기가스 저감 장치 중 하나인 선택적 촉매 환원법(SCR: Selective Catalytic Reduction)에서 핵심적인 역할을 합니다. 배기가스 중 질소산화물(NOx)에 요소수를 뿌려 주면 촉매 반응을 일으켜 물과 질소로 변환됩니다. 따라서 요소수는 엔진에서 다량 발생하는 일산화탄소를 줄여 배기가스를 정화하는 효과가 있고, 연비를 개선해 주어 중·대형 상용차나 트럭에 필수적이라 할 수 있습니다.

요소수 부족 사태도 반도체 전쟁과 마찬가지로 세계의 두 강대국 미국과 중국 때문에 일어났습니다. 요소수 부족 사태는 중국산 요소 수입이 막히면서 시작됐습니다. 사태의 발단을 추적해 보면 다음과 같습니다.

1. 2년 전 미국이 주도하는 쿼드에 호주 가입 (쿼드는 미국·인도·일본·호주 등 4개국이 참여하고 있는 비공식 안보 회의체를 뜻함)

2. 중국은 이에 열받아 호주산 석탄 수입 금지 조치를 시행

3. 중국 내 호주산 석탄 부족으로 자국 내 화력 연료를 이용한 전기 생산이 어려워짐

4. 중국은 석탄에서 추출하는 요소 생산도 원활치 않자 해외로의 요소 수출 제한 제도를 시행함

5. 차량용 요소 100%를 중국에서 수입하는 우리나라에 요소 부족
   사태가 발생하여 요소수 없이 운행이 어려운 트럭, 버스 등 디젤
   엔진 차에 큰 타격을 줌

결국 미국 → 호주 → 중국 → 한국으로 이어지는 글로벌 공급망에 문제가 발생했는데, 그 원인은 반도체와 마찬가지로 미국의 중국 견제 때문입니다.

마치 브라질에서 나비가 날갯짓을 하면, 텍사스에서 토네이도가 일어난다는 '나비 효과' 가 생각납니다.

세상은 모두 연결되어 있습니다.

나와 너, 한국과 중국, 중국과 미국이 복잡하고 촘촘하게 엮여 있습니다.

불교에서는 이를 '**인드라망**'이라고 합니다.

'인드라(Indra)'는 본래 인도의 수많은 신 가운데 하나인 천둥 신을 뜻하며, 한역하여 제석천(帝釋天)이라고도 합니다.

제석천왕(帝釋天王)은 신력(神力)이 특히 뛰어나 석가모니 부처님 전생 때부터 석가모니 부처님의 수행 장소에 출현하여 석가모니 부처님의 수행을 외호(外護)하는 신(神)으로 표현되고 있습니다.

이 제석천왕의 궁전에는 무수한 유리구슬로 만들어진 크기를 알 수 없는 그물(網)이 있다고 합니다.

그 그물은 한없이 넓고 그물의 이음새(코)마다 유리구슬이 있는데, 그물의 모든 유리구슬은 무한하게 연결되어 있고 서로가 서로를 비춰

주고 서로가 서로에게 비추어지는 관계로 이루어져 있다고 합니다.

이 글을 쓰고 있는 저나 이 글을 읽고 있는 여러분들은 서로서로가 연결되어 있습니다.

요소수를 구하려 발을 동동 구르는 한국의 화물차 기사는 일면식도 없는 쿼드 정책 입안자인 미국의 외교 정책관과 서로서로가 연결되어 있습니다. 우크라이나 전쟁으로 인한 밀 수출 감소는 아프리카와 중동 등 많은 나라의 굶주림과 연결되어 있고, 네온의 공급 부족은 드론에 들어가는 반도체를 만들 수 없게 합니다.

인드라망은 불교에서 말하는 연기법(緣起法)을 상징적으로 표현해 주는 방편의 말로써 불교의 세계관입니다.

이와 같은 그물의 모습인 인드라망이 바로 이 세상 모든 존재가 살아가는 이 세상의 진실한 모습이라고 불교에서는 말합니다. 우리가 인드라망의 영롱한 구슬처럼 서로서로를 아름답게 비춰 주고 서로서로의 빛나는 비춰짐을 받는 순간이 오면 요소수 걱정 없는, 반도체 걱정 없는 화엄 정토(華嚴淨土)의 세상이 펼쳐집니다. 나와 너, 우크라이나와 러시아, 중국과 미국이 서로서로를 비추고 비춰짐 받는 중중무진(重重無盡)의 세상을 꿈꿔 봅니다.

4장. 반린이 탈출 문제

1. 다음 중 반도체 생산 공정만 전담하는 기업을 무엇이라 하는가?

   ① OSAT

   ② IDM

   ③ Design House

   ④ Foundry

   파운드리는 반도체 생산 공정만 전담하는 기업으로 팹리스 회사로부터 생산을 위탁받아 진행하는 기업을 뜻한다.

2. 반도체의 全공정을 가장 잘 나타낸 것은?

   ① 회로설계 → Layout → Mask → FAB → EDS → PKG → F/T → Qual

   ② 회로설계 → Mask → Layout → FAB → EDS → PKG → F/T → Qual

   ③ 회로설계 → Layout → Mask → FAB → EDS → PKG → Qual → F/T

   ④ 회로설계 → Layout → Mask → FAB → PKG → EDS → F/T → Qual

3. 팹리스 기업이 설계한 제품을 각 파운드리 생산 공정에 적합하도록 최적화된 디자인 서비스를 제공하는 기업을 무엇이라 하는가?

   ① OSAT

   ② IDM

   ③ EDA

   ④ Design House

4. 다음 중 종합 반도체 기업(IDM)으로 보기 어려운 회사는?

① 인텔

② 삼성전자

③ SK하이닉스

④ 퀄컴

퀄컴은 대표적인 Fabless 기업이다.

5. 반도체 개발 시 칩의 설계, 검증, 생산을 자동으로 쉽게 해 주는 tool을 제공하는 기업을 무엇이라 하는가?

① EDA

② IDM

③ OSAT

④ Design House

정답 1. ④   2. ①   3. ④   4. ④   5. ①

5

반도체의 미래는 어떨까?

반도체의 현재와 미래

半導體의 半만 알아도 세상을 이해한다

세계 반도체의 현재와 미래

올해 한미 정상회담을 위해 미국 바이든 대통령이 한국을 방문했을 때 첫 번째 방문지가 삼성전자 반도체 평택캠퍼스여서 이슈가 된 적이 있습니다. 그만큼 우리나라 반도체 위상이 높아졌다는 것이며, 그만큼 반도체가 중요하다는 것을 느낄 수 있는 장면이었습니다. 초강대국 미국이 이렇게 우리나라 반도체 기업에 관심을 기울이는 이유는 명확합니다. 바로 중국 견제를 위해서입니다. 하늘에는 두 개의 태양이 있을 수 없습니다.

미국은 트럼프 정부 때부터 반도체 굴기를 통해 미국을 밀어내고 세계 최강 대국의 꿈을 꾸는 중국을 견제하려고 세계 최대 통신장비 기업인 화웨이를 압박해 왔습니다.

또한, 미국은 네덜란드 반도체 장비 업체인 ASML에게 중국에 극자외선(EUV) 노광 장비를 공급하지 못하게 압박하여 중국은 7nm 이하 미세 공정 반도체를 생산할 수 없게 되었습니다.

이 말은 중국이 미세 공정 FAB을 만들 수 없어 반도체 굴기에 성공할 수 없다는 것을 의미합니다. 미국의 압박으로 중국의 반도체 굴기는 요원하기만 합니다.

중국의 칭화유니가 파산에 접어든 것도 미국의 압박과 무관하지 않습니다.

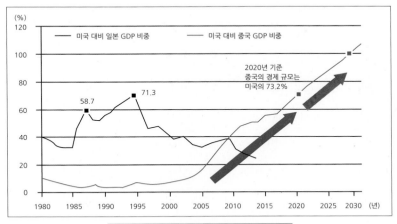

2027년 미국을 넘어서게 될 중국(출처: IMF, SK증권)

2020년 기준 중국의 경제 규모는 미국의 73%입니다. 2027년에는 미국의 GDP를 뛰어넘는다고 합니다. 미국은 자신의 세계 넘버 1 지위를 위협하면 바로 상대국에 엄청난 제재를 가해 싹을 잘라 버립니다.

2차 세계대전 이후 일본의 재건을 지원했던 미국이 지나치게 커 버린 일본 반도체 기업들을 한순간에 날려 보냈던 전례를 기억하시는지요? 미국은 1985년에 플라자 합의를 통해 환율 조작으로 일본 기업의 반도체 가격 경쟁력을 급격히 악화시켰습니다. 1986년에는 1차 미·일 반도체 협정을 맺어 일본 반도체 업체가 미국에 생산 원가 공개와 미국 반도체 업체의 시장점유율을 20%까지 높이기로 했습니다. 1987년에는 일본 정부가 미일 반도체 협정을 지키지 않는다며 슈퍼 301조를 발동하여 무역 보복을 실시했고, 이어 1996년까지 이어지는 제2차 미일 반도체 협정을 맺었습니다.

1986년부터 1996년까지 10년간 미국의 환율 정책과 무역 보복 등으로 일본 반도체는 점점 나락으로 떨어졌습니다. 1980년대 세계 메모리 반도체를 호령하던 NEC, 도시바, 히타치, 후지쯔, 미쓰비시, 마쓰시타(파나소닉) 등이 현재 남아 있지 않은 이유는 아이러니하게도 일본을 키웠던 미국 때문입니다.

그 덕분에 삼성전자가 1983년 반도체 진출 후 10년 만에 메모리 반도체 세계 정상을 차지하였고 지금까지 그 지위를 굳건히 지키고 있습니다.

미국 바이든 정부의 반도체 정책

노브랜드가 브랜드인 노브랜드에 가면 저는 항상 가성비 짱인 980원짜리 감자칩을 사가지고 옵니다.

가격은 착하지만 얇고 짭조름한 감자칩 맛은 여느 감자칩 과자에 뒤지지 않기 때문이지요.

그런데 반도체 이야기하다가 갑자기 왠 감자칩 이야기냐구요? 얼마전 지인이 '칩4 동맹'을 오리온, 롯데, 농심 등 감자칩 만드는 회사 넷이 모여 가격 담합하는 거냐고 물어서입니다.

칩4 동맹의 칩은 반도체 칩(Chip)을 의미하고 4는 미국, 일본, 대만,

그리고 우리나라 이렇게 네 나라를 뜻합니다. 미국이 주도하는 칩4 동맹은 이들 네 나라가 협의체를 만들어 반도체 공급망도 안정적으로 관리하고 공동으로 차세대 반도체 개발도 추진하자는 구상입니다. 다만, 사실 미국의 속내는 반도체 공급망 생태계에서 중국을 왕따시키자는 일종의 반중 동맹입니다.

미국 정부의 대중국 견제는 2021년 3월 1일 발표한 756쪽 분량의 한 보고서에서부터 시작되었습니다. 구글의 전 CEO인 에릭 슈밋 등이 참여하고 있는 미국 인공지능 국가안보위원회(NSCAI)의 최종 보고서에 따르면, 미국이 반도체 산업의 지배력을 상실하기 직전이라고 진단했습니다. 이를 막기 위해서는 중국에 더 강한 반도체 수출 규제를 단행해야 한다는 것입니다. 2020년 미 도널드 트럼프 대통령 집권 시기에는 EUV 장비의 중국 수출을 금지하고 있었는데, NSCAI는 그 정도로는 부족하고 중국에 있는 모든 반도체 기업에 EUV 장비뿐 아니라 ArF(불화아르곤) 장비의 공급도 막아 중국에서 아예 첨단 반도체를 생산하지 못하게 하자고 제안했습니다.

2020년 11월 공화당의 트럼프를 누르고 당선된 민주당의 조 바이든 정부는 NSCAI의 이런 제안을 충실히 이행하고 있습니다.

취임 초 바이든 미국 행정부는 삼성전자와 SK하이닉스, TSMC 등 한국과 대만 반도체 기업들에게 자국 자동차 및 IT 기업들에 안정적인 반도체 공급을 해야 한다는 이유로 고객 정보, 생산 능력 등 기밀에 해당되는 민감한 정보를 요구하고 나섰습니다.

2021년 2월에는 반도체 등 핵심 품목의 공급망을 100일간 점검하는 내용의 행정 명령을 내렸고 3월에는 2조 2,500억 달러 규모의 인프라 예산 중 500억 달러를 반도체 산업에 집중 투자하기로 했습니다. 한달 뒤인 4월에는 삼성전자, TSMC 등 반도체 생산 업체 7곳과 AT&T, 알파벳, GM, 커민스 등 반도체 사용 기업 12곳 등 총 19개 기업의 고위 경영진을 초청해 '반도체 공급망 정상화를 위한 회의'를 개최했습니다. 이날 바이든 대통령은 웨이퍼를 흔들며 "우리는 어제의 인프라를 수리·보완하는 것이 아니라 오늘의 인프라를 새로 구축할 필요가 있다."라며 회의에 참석한 CEO들에게 공격적 투자를 독려했습니다. 이어 "중국 공산당은 반도체 공급망을 지배하려는 공격적 계획을 가지고 있다."라는 상하원 의원 서한을 읽어 내려가며 중국 견제 의도를 드러냈습니다.

8월 9일 조 바이든 대통령은 미국 의회의 초당적 합의를 거쳐 만든 **'반도체과학법**(Chips and Science Act)'에 서명하면서 "미국이 돌아왔다!"라고 외쳤습니다. 이 법의 핵심은 전 세계 산업의 쌀이자 혁신의 엔진 역할을 하는 반도체를 자국 내에서 생산하겠다는 것입니다. 미국 내에서 반도체 Fab을 짓는 기업을 지원하는 390억 달러의 자금 외에 반도체나 반도체 생산용 공구 제조에 대한 투자 세액공제율 25% 적용하고 연구 및 노동력 개발에 110억 달러, 국방 관련 반도체 칩 제조 20억 달러 등 반도체 산업에 총 520억 달러(약 74조 원)를 지원한다는 내용입니다. 인텔, 마이크론 등 미국 기업은 물론 미국에 반도체 Fab 건설을 하려는 삼성전자, SK하이닉스, TSMC 도 지원을 받을 것으로 기대되고 있습니다만 보조금을 받는 회사는 중국에서 최소 10년간 28nm 이하 반도체를 만들 수 없게 했습니다. 중국에 공장을 둔 삼성전자나 SK하이닉스도 미국에서 주는 보조금을 받을 경우 이 조건을 받아들여야 해서 고민이 깊어지는 모양새입니다.

이에 더해 10월 7일 미 상무부는 중국 반도체 산업을 고사시키기 위한 초강력 대중(對中) 수출 통제 조치를 취했습니다. 인공지능, 수퍼컴퓨터 등에 활용되는 고성능 컴퓨팅(연산) 반도체뿐 아니라, DRAM, NAND 처럼 중국이 수출 경쟁력을 키워 온 메모리 분야에서도 첨단 제조 장비 기술 판매를 사실상 금지했습니다. 미국이 일개 기업이나 장비가 아닌 한 국가의 특정 산업 전반에 대해 수출 통제 조치를 취한 건 이번이 처음이라고 합니다. 신규 제재는 18㎚ 이하의 DRAM, 128단 이상의 NAND, 14㎚ 이하의 비메모리 반도체를 생산하는 중국 기업에 관련 기술·장비를 판매하는 미국 기업이 별도 허가를 받도록 규정한 것입니다. 중국의 최대 파운드리업체인 SMIC를 비롯해 양쯔메모리테크놀로지(YMTC)나 창신메모리테크놀로지(CXMT) 등의 반도체 장비 요청을 막겠다는 취지이나 중국 수출이 많은 미국 반도체 장비 업체인 램 리서치, 어플라이드머티어리얼즈, KLA 등도 이번 수출 통제 영향권에 놓였습니다. 중국에서 이미 반도체 공장을 운영 중에 있는 삼성전자·SK하이닉스도 발등에 불이 떨어졌습니다. 삼성의 경우 중국 시안에서 삼성전자가 생산하는 NAND의 42%를 생산 중이며 쑤저우에는 후공정 공장이 있습니다. SK하이닉스도 우시 공장에서 SK하이닉스 전체 DRAM 생산량 중 47%가량을 만들고 있지요.

중국에 공장을 둔 외국 기업도 건별 심사를 한다는 방침이었지만 다행히도 미국 정부가 삼성전자와 SK하이닉스의 중국 현지 공장에 대한 반도체 장비 수출 금지 조치를 1년간 유예해 주기로 했습니다. 올해는 유예해 주었지만 내년에는 어떻게 될지 불안하기만 합니다. 이 제재로 중국 기업뿐 아니라 칩4 동맹에 가장 적극적인 TSMC와 KLA, 램리서치 등의 주가도 곤두박질치는 상황이 연출되었습니다.

10월 12일, 미국 정부는 '국가안보전략'을 발표하며 중국이 국제 질서 재편 의도와 힘을 가진 유일한 경쟁자라며 시진핑 중국 국가 주석의 '중국몽(中國夢)'을 견재하고 나섰습니다.

10월 16일, 시진핑 중국 국가주석은 중국공산당 제20차 전국대표대회 개막식에서 "조국통일 완전 실현"을 외치며 전쟁을 통한 대만 통일을 배제하지 않겠다고 공식 선언했습니다.

그럼 중국이 무력으로라도 대만을 점령하면 세계 반도체 산업 지형은 어떻게 변할까요? 이와 관련해 일본의 반도체 전문가 유노가미 다카시 미세가공연구소 소장은 최근 대만 유사 사태를 가정해 세계 반도체 산업에 어떤 일이 있게 되는지에 대해 분석했습니다. 유노가미 소장의 추정에 따르면, TSMC가 중국 기업이 되면 현재 AP 등 시스템 반도체를 주로 생산하는 최첨단 공정인 10nm 이하 제품 생산의 92%가 중국 차지가 됩니다. 현재 3%에 불과한 10~22㎚ 점유율은 31%로, 19%인 28~45㎚가 66%로, 23%인 45㎚ 이상의 구형 공정도 54%로 각각 상승하게 된다고 합니다. 메모리 반도체에서도 현재

14%의 점유율이 25%로 확대되는 등 중국의 전 세계 반도체 산업 점유율은 비약적으로 상승할 것으로 예측했습니다. 그래서 미국은 세계 반도체 산업을 주도하는 주요 4개국이 협력해 중국의 반도체 굴기를 차단하고 안정적 반도체 생산과 공급을 도모하려는 칩4 동맹을 만들려고 안달입니다. 미국은 반도체 설계와 EDA Tool과 장비에서, 대만은 TSMC로 대표되는 첨단 파운드리에서, 한국은 메모리 제조에서, 일본은 반도체 재료와 소재에서 한가락씩 하는 국가이기 때문입니다. 대만과 일본의 경우 올해 7월 구상이 발표된 직후 바로 가입 의사를 밝혔고, 우리나라의 경우 가입 쪽으로 기운 상태라고 하지만 중국과의 관계로 인해 아직까지 검토 중인 것으로 알려져 있습니다. 만약 칩4 동맹이 실현된다면 10㎚ 이하 최첨단 시스템 반도체 점유율은 100%에 달해 완전 독점이 가능해집니다. 또한, 10~22㎚ 제품의 76%, 28~45㎚ 제품의 64%, 45㎚ 이상 제품의 63%, 메모리 반도체의 80%를 점유하게 돼 전체 반도체 생산의 70%를 휩쓰는 등 압도적 위상을 확립하게 됩니다.

그럼 빨리 칩4 동맹에 가입하면 모든 게 술술 풀릴까요? 유감스럽게도 그렇지 않다고 유노가미 소장은 말합니다. 왜냐하면 반도체 밸류 체인에서는 9%에 불과한 중국이 소비 시장에서는 24%나 차지하고 있기 때문입니다. 중국이 전 세계의 제조 공장으로 반도체가 들어가는 많은 전자 제품을 생산하고 있고, 그 전자 제품을 수출만 하는 것이 아니라 국내에서도 많이 소비하고 있어 칩4 동맹국의 기업들이 반도체와 반도체 제조 장치, 반도체 소재의 거대 시장이 돼 버린 중국을 배제하기가 말처럼 쉽지 않다는 것입니다. 심지어 미국 기업들조차도 중국 배제를 목표로 한 칩4 동맹 가입에 큰 저항감이 있어 바이든 정부 구상대로 칩4 동맹이 굴러가지 않을 가능성도 높습니다.

삼성전자 등 우리나라 반도체 기업은 수출의 60%가 중국입니다. 세계 1위 수출국인 셈이죠. 2020년 기준으로 중국과 홍콩으로 메모리 반도체의 71.3%, 시스템 반도체의 46.6%를 수출했습니다.

중국에 대한 소재 의존도 또한 높습니다. 한국의 대중국 소재 의존도는 반도체 40%, 배터리 93%, 의약품 53%, 희토류 52% 등입니다. 중국은 미국보다 경제적으로 더욱 엮여 있습니다. 칩4 동맹에 가입하면 사드 배치 후 내려진 한한령(限韓令)의 악몽이 재현될 수도 있습니다.

칩4 동맹 가입을 압박하는 미국 바이든 정부의 말을 따르기에도 애매하고, 중국 시진핑 정부의 눈치도 안 볼 수 없습니다.

왠지 외통수에 걸린 기분입니다.

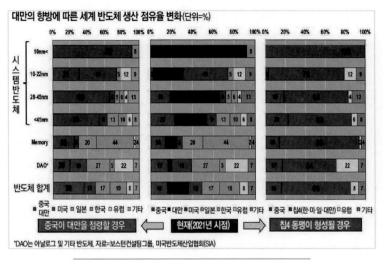

대만의 향방에 따른 세계 반도체 생산 점유율 변화(출처: BCG,SIA)

산업의 쌀이라 불리는 반도체의 헤게모니를 차지하기 위한 미국과 중국의 전쟁이 시작되었습니다.

미국과 중국, 누가 반도체에 의한 4차 산업혁명의 승자가 될까요?

그럼 우리는 미국과 중국 중 누구 편에 서야 할까요?

위험한 외줄 타기가 시작되었습니다.

반도체의 미래는 어떻게 될까요?

미국과 중국 중 누가 최후의 승자가 될까요?

지금의 상황만 보면 미국이 반도체 패권을 거머쥐기에 유리한 형국입니다.

동맹국들과의 연합에 의한 강력한 중국 제재, 자국의 막대한 자금력과 넘사벽 반도체 설계 기술, 구글, 아마존 등 세계 1위 SW 기업들을 가졌기 때문입니다. 이것도 부족한지 미국은 중국을 견제할 목적으로 만든 반도체 공급망 협력체인 칩4 동맹에 우리나라의 참여를 압박하고 있습니다.

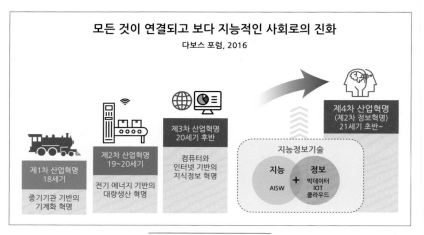

4차 산업혁명(출처: 미래창조과학부)

4차 산업혁명 시대에 반도체는 필수불가결한 요소입니다.

반도체의 미래는 AI입니다. 나보다 글을 잘 쓰고 그림도 잘 그리고 불만도 없는 인공지능.

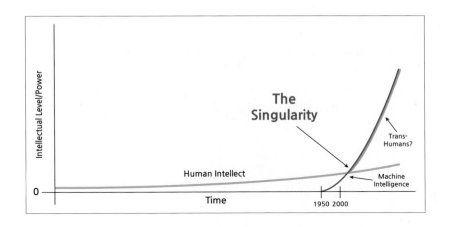

2045년쯤이면 인간의 지능을 뛰어넘는 초지능 AI가 등장한다고 합니다.

20여 년쯤 후이지요.

현재 인터넷에 이런 AI 기반 번역 사이트나 그림 그리기 사이트들이 무료로 제공되고 있으니 통·번역 대학원을 힘들게 나온 초보 번역가는 곧 새로운 일자리를 찾아야 할지 모릅니다.

창조력이 생명이어서 AI가 대체하기 어려울 것이라고 하는 직업 중 하나인 화가의 설자리도 점점 없어질지 모릅니다.

인공지능이 연극 극본을 쓰고 영화시나리오를 집필하고 시집을 출간하는 시대, 미술 대회에서 당당히 대상을 수상하는 시대, 텍스트만 입력하면 예술 작품을 떠억 하니 내놓는 시대에 우리는 살고 있습니다.

인공지능의 기술 발전 속도는 놀랍습니다. 미래를 예측하기 두려울 정도입니다.

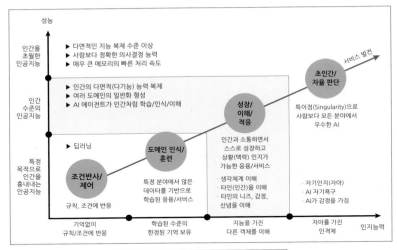

성능

인간을
초월한
인공지능

▶ 다면적인 지능 복제 수준 이상
▶ 사람보다 정확한 의사결정 능력
▶ 매우 큰 메모리의 빠른 처리 속도

서비스 발전

인간
수준의
인공지능

▶ 인간의 다면적(다기능) 능력 복제
▶ 여러 도메인의 일반화 형성
▶ AI 에이전트가 인간처럼 학습/인식/이해

성장/
이해/
적응

초인간/
자율 판단

특이점(Singularity)으로
사람보다 모든 분야에서
우수한 AI

특정
목적으로
인간을
흉내내는
인공지능

▶ 딥러닝

도메인 인식/
훈련

조건반사/
제어

규칙, 조건에 반응

특정 분야에서 많은
데이터를 기반으로
학습된 응용/서비스

인간과 소통하면서
스스로 성장하고
상황(맥락) 인지가
가능한 응용/서비스

· 생각체계 이해
· 타인(인간)을 이해
· 타인의 니즈, 감정,
  신념을 이해

· 자기인지(자아)
· AI 자기욕구
· AI가 감정을 가짐

기억없이
규칙/조건에 반응

학습된 수준의
한정된 기억 보유

지능을 가진
다른 객체를 이해

자아를 가진
인격체

인지능력

인공지능 기술 발전 전망도(출처: 중소벤처기업부)

AI도 반도체에 의해 움직입니다.

AI 반도체는 크게 **GPU, FPGA, ASIC, Neuromorphic** 반도체로 구분할 수 있습니다.

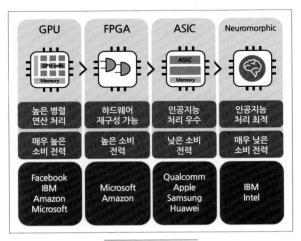

AI 반도체 종류(출처: ETRI)

AI 반도체는 각각의 장단점을 가지고 있지만 궁극적으로 사람의 뇌를 모사한 **뉴로모픽 반도체**로 나아갈 전망입니다.

뉴로모픽 반도체는 인공 뉴런 역할을 하는 Core를 인간의 뇌와 같이 병렬로 구성함으로써 저전력으로 방대한 데이터 처리가 가능합니다. 인간의 뇌처럼 Data를 주면 스스로 학습하기 때문에 연산 성능도 대폭 향상됩니다.

퀄컴, 화웨이 등 기존 Fabless 회사 외에 구글, Apple과 같은 빅테크 기업, 전통의 강자 IBM, Intel이 뉴로모픽 반도체 주도권을 잡기 위해 치열한 경쟁을 벌이고 있습니다.

우리보다 지능이 월등히 높은 AI의 출현은 예견된 미래입니다.

예견된 미래에서 우리가 살아남는 방법은 무엇일까요?

김대식 교수는 인공지능에게 "아양을 떨어라"라고 말합니다.

우리가 키우는 반려견처럼 인공지능에게 꼬리를 흔들며 예쁜 척을 하면 혹시 우리를 살려줄지도 모른다는 다소 농담조의 답변을 내놓습니다.

반도체의 미래는 AI입니다.

AI는 우리가 사는 세상을 좀 더 풍요롭고 아름답게 해 주는 도구가 될까요?

아니면 매트릭스 영화처럼 AI가 세상의 주인으로 등장하게 될까요?

우리나라 반도체의 현재와 미래

바이든 대통령이 방한했을 때 한국 반도체 공장을 첫 번째로 찾은 것처럼 우리나라 반도체의 위상은 공고합니다. 특히 메모리 분야에서는 삼성과 SK하이닉스를 합해 세계 반도체 시장 점유율이 70%를 넘습니다. 그럼 우리나라는 단기간에 세계 최고의 메모리 반도체 강국이 되었을까요?

첫 번째로는 이병철, 이건희, 정주영 등 경영자들의 과감한 의사결정과 투자입니다.

반도체는 세계 경기 변동에 따라 수요가 들쑥날쑥합니다. 기술 장벽이 높아 시장에 진입하기도 쉽지 않습니다. 하지만 이병철 회장, 이건희 회장 등은 과감한 투자와 기술 개발로 후발주자인 한국 반도체를 짧은 시간 내에 세계 선두권에 올려놨습니다.

두 번째로는, 한국인의 근면성과 인내심을 꼽을 수 있습니다.

삼성전자의 경우 자체 기술로 DRAM을 만들 때 기술적 난관에 수없이 봉착했지만 결국 세계 최고가 되었습니다. 처음 DRAM을 만들 때 권오현 당시 공정개발팀장을 비롯한 임직원들은 아침마다 반도체인의 신조 10개 항목을 외치고 일을 시작했다고 합니다. 그중 한 가지가 "안 된다는 생각을 버려라(Never give up)"입니다. 이에 대한 내용은 권오현 회장이 쓴 《초격차》라는 책에도 자세히 나와 있습니다.

세 번째로 정부의 적극적인 지원이 한국 반도체 산업 태동기에 중요한 역할을 했습니다. 정부에서 1985년부터 '반도체 산업 종합 육성 대책'을 세워 국가 차원에서 금융 및 세제 지원을 통해 투자를 유도하고 적극적인 자금 지원을 했습니다.

네 번째로 한국인만의 고유한 민족 특성과도 연관이 있습니다.

우리나라는 젓가락 문화입니다. 젓가락을 사용하는 민족은 손재주가 좋아 섬세한 작업을 요구하는 반도체 산업에 적합하다는 분석입니다.

예를 들어, 정교하게 음각 양각을 파 넣은 고려청자를 만들었던 장인들의 손재주가 반도체의 미세 공정을 다루는 반도체 생산 공정의 여직원들에게 이어지고 있다고 비유하곤 합니다.

이렇게 메모리 반도체에서는 세계 최고를 구가하지만 시스템 반도체에서는 초라한 성적입니다.

시스템 반도체 분야에서는 국내 기업의 경쟁력은 아직 미약하여 3% 내외의 시장점유율에 머무르고 있으며 DDI, CIS, PMIC 등 상대적으로 기술 장벽이 낮은 분야에만 한정된 경쟁력을 보유하고 있는 상황입니다.

구분	13년	14년	15년	16년	17년	18년	19년	20년
반도체 전체	15.5%	16.2%	17.0%	16.5%	21.4%	23.6%	18.4%	18.4%
메모리반도체	48.7%	53.0%	57.7%	57.4%	60.7%	61.7%	58.4%	56.9%
시스템반도체	5.5%	3.9%	3.6%	3.1%	3.0%	3.0%	3.2%	2.9%

한국의 글로벌 시장점유율 추이(출처: 한국반도체산업협회)

우리나라 팹리스는 2005~2010년에 연평균 41% 성장했으나 피처

폰에서 스마트폰으로의 전환, 디스플레이 수요 정체 등 환경 변화에 대응하지 못하면서 경쟁력이 약화되기 시작했습니다. 특히 우리 수요 기업은 스마트폰 대응이 늦어 검증된 부품을 선호했으며, 글로벌 경쟁력 확보를 위해 고사양 기술을 요구했으나 국내 팹리스는 R&D 부족 등으로 이에 대응하기 어려웠습니다.

2000년대 중반에는 코아로직, 엠텍비전이 이미지 처리칩으로 우리나라 팹리스 1,2위를 다투었습니다. 그런데 외환파생상품 키코(KIKO)로 상당한 손실을 떠안았고 결국 시장에서 퇴출되었습니다.

2009년은 국내 DMB 방송을 위한 칩이 시장을 주도하였고, 2010년 이후 스마트폰, 스마트TV, 스마트카 등의 등장과 함께 DDI(Display Driver IC), CIS(CMOS Image Sensor), AF(Auto Focus) Driver IC 등이 시장을 대체하면서 관련 기업이 부각되었지요.

애플이 스마트폰을 내놓기 전까지 MP3칩으로 고속 성장 중이던 텔레칩스는 자동차용 칩에 집중해 현재 거의 모든 현대기아차 모델에 차량용 반도체 칩을 납품하고 있습니다.

다수가 중소기업인 국내 팹리스는 우수 인력 확보의 어려움, 중국과 가격 경쟁, 기술 개발에 대한 투자비 부담, 재무 건전성 악화 등으로 성장세가 둔화되고 있습니다. 기존 팹리스 업체 수도 줄었고, 신규 창업 기업도 줄었고, 일할 사람도 줄었습니다. 우리나라 팹리스의 파운드리 기술 수요는 미들엔드급이 많으나 삼성전자 파운드리는 10나노 이하 최신 공정 중심으로 수급의 미스매치가 발생하여 국내 팹리스 기업의 국내 파운드리 이용 비중은 40% 수준이며, 해외 파운드리를 통해 제품을 생산하면서 비용 및 시간 등이 증가하고 있지요.

국내 상위 10개 팹리스 기업
2021년 매출액(1위~10위)

기업	매출액
LX 세미콘	1조8988억원
실리콘마이터스	3305억
에이디티테크놀로지	3221억
제주반도체	1933억
어보브반도체	1675억
텔레칩스	1364억
앤씨앤	1147억
피델릭스	776억
알파홀딩스	744억
와이팜	600억

자료=한국 팹리스 연합회

2021년 국내 팹리스 기업 매출 순위(출처: 한국 팹리스 연합회)

그나마 다행인 건 삼성전자가 있기 때문입니다. 삼성전자는 정부와 함께 지난 2019년 4월 '시스템 반도체 비전 2030'을 발표했습니다. 오는 2030년까지 133조 원을 투입해 메모리 분야가 아닌 시스템 반도체 분야에서도 1위를 차지하겠다는 야심 찬 계획이었습니다. 올해 5월에는 투자 금액을 더 늘려 총 171조 원을 투자하기로 했습니다.

그럼 왜 시스템 반도체에 투자하여야 할까요?
가장 큰 이유는 시장의 크기 때문입니다.

WSTS의 전 세계 반도체 시장 전망을 보면 올해 매출은 전년 대비 16.3% 성장한 6,460억 달러(약 9,100조 원)로 추정됩니다.

이 중 메모리 분야는 1,826억 달러(약 2,600조 원)로 전체 반도체 시장의 28.2%를 차지하고 3.4% 성장하는 데 그칠 것으로 예상했습니다.

나머지는 CPU, GPU, AP 등 시스템 반도체가 차지하고 있으며 이런 로직 반도체의 올해 성장률을 20.8%로 높게 잡았습니다. 즉 시스템 반도체가 메모리 반도체에 비해 시장도 배 이상 크고 성장률도 배 이상 높습니다.

또 다른 이유는 시스템 반도체는 메모리 반도체처럼 시장 상황에 따라 가격 변동 폭이 큰 분야가 아니라는 점입니다. 4차 산업혁명으로 시스템 반도체는 컴퓨터나 휴대폰 외에도 자동차, 가전, 로봇 등 여러 분야에 쓰여 가격 변동 폭이 상대적으로 적습니다.

또한, 시스템 반도체를 개발하는 회사들이 대부분 Fabless 회사들이라는 점입니다. 팹리스 회사에서 칩만 설계하고 제조는 제조만 담당하는 파운드리에 맡기기 때문에 파운드리의 역할이 중요해질 수밖에 없습니다. 특히 점점 공정이 초미세화되어 가고 있어 이에 대한 과감한 투자가 중요합니다.

앞으로 트랜지스터의 물리적 사이즈의 한계를 2~3나노로 예측하기 때문에 새로운 반도체 기술도 개발해야만 합니다. 예를 들어, 웨이퍼 위에 소자를 만든 후 그 위에 다시 얇은 실리콘을 붙이고 소자를 만드는 3D 집적 기술이나 스핀 소자 같은 새로운 소자 개발에도 적극 투자해야 합니다. 삼성전자에서는 현재 GAA(Gate-All-Around) 기술로 3nm 제품 개발을 진행하고 있습니다.

핀펫은 전류가 흐르는 채널이 3개 면이었지만 GAA는 말 그대로 '모든 면에서' 전류가 흐르게 하는 방식입니다. 이를 통해 궁극적으로 반도체 소형화와 함께 고성능화를 구현할 수 있어 3nm GAA 공정을 활용하면 7nm 핀펫 대비 칩 면적은 45%, 소비전력의 경우 50% 절감할 수 있다고 합니다. 게다가 성능은 약 35% 향상될 것으로 기대됩니다.

무엇보다도 시스템 반도체는 우수한 설계 인력이 가장 큰 경쟁력이라 파운드리와 함께 동반 성장할 수 있는 능력 있는 팹리스들이 많이 나와야 합니다.

	Segment Value add	Market shares						
		U.S.	S. Korea	Japan	Taiwan	Europe	China	Other
EDA	1.5%	96%	<1%	3%	0%	0%	<1%	0%
Core IP	0.9%	52%	0%	0%	1%	43%	2%	2%
Wafers	2.5%	0%	10%	10%	16%	14%	4%	0%
Fab tools	14.9%	44%	2%	2%	<1%	23%	1%	1%
ATP tools	2.4%	23%	9%	9%	3%	6%	9%	7%
Design	29.8%	47%	19%	19%	6%	10%	5%	3%
Fab	38.4%	33%	22%	22%	19%	8%	7%	1%
ATP	9.6%	28%	13%	13%	29%	5%	14%	4%
Total value add		39%	16%	16%	12%	11%	6%	2%

최종 반도체 생산까지 단계별로 창출되는 부가가치의 국가별 점유율(출처: 미국 백악관 보고서)

그래야 메모리 반도체뿐 아니라 시스템 반도체에서도 우리나라가 세계 1위가 되는 그야말로 빛나는 역사를 쓸 수 있지 않을까요?

02 4차 산업혁명과 반도체

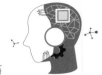

半導體의 半만 알아도 세상을 이해한다

무어의 법칙 한계를 극복하려는 다양한 시도들

1946년에 미국 국방성의 의뢰로 펜실베니아대학에서 개발한 에니악은 길이 25m, 높이 2.5m, 폭 1m의 엄청난 크기에 무게는 30톤이었습니다. 1만 7,468개의 진공관을 사용해 150KW의 소비전력으로 초당 5,000번의 계산을 할 수 있었습니다.

반면 2022년 올해 엔비디아가 개발한 GPU(Graphic Processing Unit)인 H100은 가로세로 대(Die) 크기가 814 mm^2에 불과하고, 800억 개의 트랜지스터를 이용해 400W의 소비전력으로 초당 3,000조 번(3 PFLOPS)의 연산을 할 수 있습니다.

세계 최초 1Kb DRAM 용량이 쌀 한 톨인 20mg이라면 최신 18GB LPDDR5의 용량은 쌀 3톤일 정도로 반도체의 성능은 무어의 법칙을 넘어 눈부신 발전을 거듭했습니다.

그러나 반도체 소자를 점점 더 작게 만들면서 전자가 원하지 않는 데로 흐르는 현상인 터널링 효과로 인한 누설 전류와 열역학 제2법칙에 의한 발열 문제등 물리적 한계에 도달하게 되었습니다.

이런 무어의 법칙의 한계를 극복하기 위한 다양한 방법들이 현재 개발되고 있습니다.

먼저 소자의 한계는 새로운 방식의 첨단 패키지 기술로 극복하고 있습니다.

대표적으로 **TSV**(Through Silicon Via, 실리콘 관통전극) 기술입니다.

TSV 기술은 기존 와이어를 이용해 칩을 연결하는 대신 여러 개의 DRAM 칩을 일반 종이 두께의 절반보다도 얇게 깎은 후, 수직으로 미세한 구멍을 뚫어 칩 상하단의 구멍을 전극으로 연결하는 패키징 기술입니다. 삼성전자는 2010년 세계 최초로 TSV 기반 DRAM 모듈을 개발한 데 이어, 2014년 8월 세계 최초로 3차원 TSV 적층 기술을 적용한 64GB 차세대 DDR4 서버용 DRAM 모듈 양산을 발표했습니다.

HBM (High Bandwidth Memory) DRAM은 여러 개의 DRAM을 수직으로 연결하는 TSV 기술을 이용하여 기존 DRAM보다 데이터 처리 속도를 혁신적으로 끌어올린 고부가가치, 고성능 제품입니다. 2021년에 개발한 SK하이닉스의 HBM3는 Full-HD 영화 163편을 1초에 전송하는, 최대 819GB/s의 속도를 구현할 수 있다고 합니다.

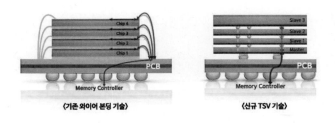

기존 Wire-Bonding기술 vs TSV기술(출처: 삼성반도체이야기)

또 다른 첨단 패키지 방법은 **칩렛**(Chiplet) 기술입니다.

SoC는 다양한 기능의 반도체 소자를 한 개의 칩으로 구현한다고 했습니다. SoC의 경우 각각의 기능을 하는 칩들을 28nm,32nm 등 첨단 공정이 아닌 레거시 공정을 이용하여 만들 수 있지만, SoC 특성상 한 칩으로 만들어야 해서 5nm, 3nm 등 최 첨단 미세 공정을 사용해야 합니다. 미세 공정은 당연히 비용이 올라가 이런 단점을 극복하는 방법으로 칩렛(Chiplet) 기술이 등장했습니다. 칩렛 기술은 각각의 기능을 분리하여 각각 다른 웨이퍼로 제조하고 하나의 칩으로 만드는 방식입니다. 칩렛 기술을 활성화하기 위해 UCIe(Universal Chiplet Interconnect Express)라고 불리는 표준화 프로젝트가 한창입니다. 물리적 계층, 프로토콜 스택, 소프트웨어 모델, 규정 준수 테스트 등을 완전히 통일한다면 각 사가 만든 칩렛을 손쉽게 사고팔 수 있기 때문입니다. 그러면 특정 칩 제조사는 이를 활용해 한 회사에서 CPU 코어를, 다른 회사에서 GPU 코어를, 또 다른 회사의 Wi-Fi 칩이나 5G 칩을 가져와 마치 레고 블록처럼 새로운 칩을 제조할 수 있게 됩니다. UCIe 회원 기업으로는 AMD, ARM, ASE, 구글, 인텔, 메타, 마이크로소프트, 퀄컴, 삼성, TSMC와 같은 주요 반도체 기업이 있습니다.

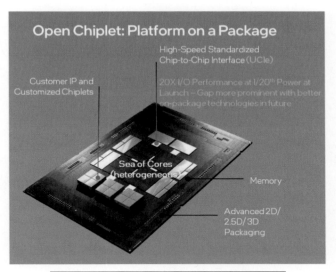

UCIe(Universal Chiplet Interconnect Express)(출처: UCIExpress.org)

디지털 기기의 메인보드에서 사용되는 직렬 구조의 고속 입출력 인터페이스인 PCIe(Peripheral Component Interconnect Express)를 기반으로 한 CXL(Compute Express Link)를 이용한 DRAM 개발도 한창입니다.

CXL(Compute Express Link)은 CPU, GPU, 가속기, 메모리 등을 보다 효율적으로 사용하기 위해 만들어진 새로운 표준화 인터페이스입니다.

NAND 플래시 메모리는 삼성이 세계 최초로 V-NAND를 개발한 이래로 위로 쌓기 경쟁이 점입가경입니다. 지난 20년간 NAND 1위 자리를 지켜온 삼성전자는 지난해부터 176단, 230단 이상 등 '최초 양산' 타이틀을 연이어 마이크론에 내줬습니다. 다행히 올해 8월 SK하이닉스가 세계 최고층인 238단 NAND 개발에 성공했다고 밝혔습니다. 경쟁사에 별다른 대응을 않던 삼성은 올 10월 5일(현지 시간) 미국 실리콘밸리에서 있은 '삼성 테크 데이 2022'에서 2030년까지 1000단 V-NAND를 선보이겠다는 청사진을 내놓았습니다. 그 와중에 기술력을 의심받던 중국의 양쯔메모리(YMTC)가 128단 NAND 메모리를 애플 아이폰 14 모델에 납품하여 세계를 놀라게 하였습니다.

공정 미세화라 불리는 Scaling의 한계를 넘기 위해서는 **패터닝**(Patterning) 미세화가 선행되어야 합니다. 패터닝이란 반도체 칩을 구성하는 수없이 많은 트랜지스터와 트랜지스터를 연결하는 배선들을 설계한 모양 그대로 웨이퍼상에 구현하는 기술을 말합니다.

반도체 패터닝 미세화 방법 중 하나는 **High-NA EUV**를 이용하는 것입니다. EUV는 기존 패터닝 기술의 최소 선폭 한계를 넘어서게 하는 최신 노광(Photo) 기술입니다. 최소 선폭, 즉 작은 패턴을 만들기 위해선 해상도(Resolution)가 중요한데, 해상도는 노광의 가장 기본이 되는 '레일리의 식 (Rayleigh's Equation)'에 의해 결정됩니다. 노광에 사용하는 빛의 파장이 짧을수록, 노광 설비의 광학계가 고도화될수록 해상도가 좋아집니다.

EUV(Extreme Ultra Violet, 극자외선)는 이 중 빛의 파장을 기존보다 극도로 짧게 한 노광 기술입니다. 기존 193nm 빛 파장을 갖는 불화아르곤(ArF) 노광 장비보다 EUV 장비에서는 빛의 파장이 13.5nm로 보다 작아 더 미세한 반도체 회로를 만들 수 있습니다. 그림 그리기에 비유한다면, 0.7mm 펜촉으로 그림을 그리다가 0.1mm 펜촉으로 그림을 그리는 셈이라고 볼 수 있습니다. ASML이 독점 생산하는 EUV 장비는 패터닝을 단순화해 600개에 달하는 공정 스텝 수를 줄일 수 있어 대당 가격이 1,500억 원이 넘는데도 유수의 반도체 기업들이 줄을 서 서 사는 장비입니다.

High-NA는 노광 공정에서 쓰이는 EUV 장비의 반사경을 크게 만 들어 작은 패턴을 그릴 수 있는 기술을 의미합니다. 여기서 NA는 Numerical Aperture의 약자로 개구수(開口數)로 번역하는데 렌즈의 크 기를 나타내는 말입니다. 렌즈를 크게 만들어서 빛을 많이 모을 수 있게 되면 더 미세한 패턴을 그릴 수가 있는 것이죠. 업계에서는 현 재 개발 중인 0.33NA보다 높은 0.55NA의 High-NA 공정을 차세대 노 광 기술로 연구를 진행 중입니다.

새로운 **High-K** 소재 혁신을 통한 소자의 고집적화와 고속화를 추 구하기도 합니다.

여기서 High-K란 유전율(dielectric constant)이 높은 물질을 말합니다. 유 전율이란 부도체이면서도 내부에 전자기파의 진행을 가능하게 하는 정도를 의미하며, 이는 물질 내부의 양전하와 음전하가 얼마나 민감 하게 반응해 움직이느냐의 정도를 말하는 것입니다. 이 유전율이 높 은 물질을 High-K, 낮은 물질을 Low-K라 부릅니다.

MOSFET은 게이트에 (+)전압이 걸리면 전기장 효과로 인해 게이트 바로 밑 절연막 아래로 (-)전하가 모여들어 전기가 통하는 채널을 형 성하여 전기가 흐르는 구조입니다. 그래서 게이트 절연막은 정전 용 량을 잘 확보해야 합니다. 여기서 정전 용량(Capacitance)이란 전하를 저장하는 창고라 할 수 있는데 전자의 이동을 차단하는 역할을 합니다. 정전 용량을 잘 확보하려면 절연막 면적이 넓을수록 좋고, 막의 두께가 얇을수록 좋고, 유전율 'K' 값이 높으면 좋습니다. 그런데 소자의 크기가 줄어들면 절연막의 면적도 당연히 줄어들게 되어 더 이상 막의 면적을 줄이지 못합니다. 그래서 기존 절연막 소재인 SiO_2의 두께를 10㎚ 이하까지 낮추었는데 이제 막이 너무 얇아져서 누설 전류가 심각해지는 문제가 발생했습니다. 더 이상 두께를 줄일 수 없게 되자 Gate Oxide 물질을 High-k 물질로 대체하여 정전 용량을 확보하기 시작했습니다. 기존에 한계에 다다랐던 SiO_2 절연막 대신 분극이 잘 돼 유전율이 높은 하프늄옥사이드(HfO_2) 기반 절연막을 도입합니다. 절연막이 High-K 물질로 바뀌면서 게이트도 기존 Poly-Silicon에서 Metal(금속)로 변화하였구요. DRAM에서는 Capacitor의 유전체로 High-k 소재인 지르코늄옥사이(ZrO_2)가 사용되고 있습니다. High-k 특성과 Metal Gate의 특성을 합쳐서 HKMG라고 부르는데, 이 공정을 이용하면 전류 구동 20% 증가, 소스-드레인 간 누설 전류 5배 이상 감소, 게이트 산화막 누설 전류 10배 이상 감소 등의 효과를 볼 수 있다고 합니다.

꿈의 신소재라 일컬어지는 그래핀 소재를 이용하여 차세대 반도체를 만드는 연구도 활발하게 진행 중입니다. **그래핀**(Graphene)이란 탄소 원자들이 육각형의 벌집 모양으로 서로 연결되어 2차원 평면 구조를 이루는 고분자 탄소 동소체를 말합니다. 연필심으로 쓰이는 흑연, 영어로 하면 그래파이트(graphite)와 탄소 이중결합을 가진 분자를 뜻하는 접미사 '-ene'를 결합하여 만든 용어랍니다. 그래핀을 알기 위해선 먼저 연필심의 원료로 쓰이는 흑연의 구조를 알아야 하는데 흑연은 탄소 원자가 공유 결합으로 만들어지는 육각형이 겹겹이 층을 이룬 구조입니다. 이 흑연의 한 층을 분리해 낸 것이 그래핀입니다. 많은 과학자가 이 단 한 층만을 분리해 내기 위해 수년간 많은 노력을 했는데 2004년 영국의 가임(Andre Geim), 노보셀로프(Konstantin Novoselov) 연구팀이 기발한 방법으로 성공했습니다. 어떤 방법이냐면, 흑연에 스카치테이프를 붙였다가 떼고, 이 테이프에 다른 테이프를 붙였다 떼면서 탄소막 1장이 남을 때까지 반복을 해서 그래핀을 추출한 거지요. 심지어 가임 교수 연구팀은 이 공로로 2010년 노벨 물리학상을 받기도 했습니다.

그래핀은 세상에서 가장 얇고, 강하며 또한 가장 열을 잘 발산하고, 전기 전도도 구리의 100배가 넘는다고 합니다. 두께는 원자 수준에 강도는 강철보다 200배 이상이고 실리콘보다 100배 이상 전자를 빠르게 이동시키고, 97.7%의 빛을 그대로 통과시킬 만큼 투명합니다. 얇으면서도 잘 휘어지고 가볍기까지 하니 그래핀은 그야말로 초강력 물질이라고 할 수 있습니다. 그래서 그래핀으로 만든 반도체는 실리콘 반도체보다 처리 속도가 142배 빠를 것으로 예상하고 있습니다. 그러나 가격이 워낙 비싸고 대량 생산도 어렵고 무엇보다 반도체로 만들기 위한 전자의 에너지 차이인 밴드갭이 없기 때문에 이를 극복하기 위한 다양한 연구가 이루어지고 있습니다.

무어의 법칙의 한계를 극복하기 위해 위로는 쌓고(Vertical Stacking) 옆으로는 미세화(Lateral Scaling)하고, 다양한 기능의 칩들을 하나로 붙이는 이종집합(Heterogeneous Integration) 방식으로 패키징(Packing)하고, 고유전체 신물질이나 그래핀 등 신소재를 찾는 노력이 오늘도 쉼 없이 일어나고 있습니다.

AI 반도체

몇 년간 많은 분이 AI 여기저기서 이야기를 하십니다. 아마도 듣보잡 컴퓨터인 알파고가 세계 최고로 바둑을 잘 두는 이세돌 9단에 완승을 거둔 사건이 계기가 되었겠지요.

비록 기계인 알파고가 인간 최고수를 이겼지만 이 세기의 바둑 경기를 에너지 효율성 관점으로 보면 과연 알파고가 공정한 환경에서 이겼는가 하는 의문이 듭니다.

자크 마테이(Jacques Mattheij)라는 IT 전문가에 따르면, 이세돌은 밥 한 끼를 먹고 약 20W 에너지를 이용해 뇌 속의 1,000억 개의 뉴런을 가동할 수 있지만, 알파고는 10만 개의 뉴런을 흉내 내기 위해 1,920개의 CPU와 280개의 GPU를 사용하여 1MW에 육박하는 엄청난 전력을 소모했다고 합니다. 따라서 에너지 효율 측면에서만 보면 AI가 인간을 넘어서기 위해서는 지금보다 500억 배 이상 향상돼야 합니다. 우리 뇌가 최고입니다. 밥 한 끼 열량으로 이런 통찰력(?) 가득한 글을 쓰고 있는 내 두뇌가 최고입니다.

1만 7,000여 개의 진공관을 작동시키기 위해 150kW의 어마어마한 전력을 소모했던 에니악에서 고작 5W를 소비하는 스마트폰이 탄생한 배경의 중심에는 반도체가 있습니다.

컴퓨팅의 진화 역사와 인공지능 컴퓨팅의 미래(출처: IITP, 2018)

다양한 음식을 골고루 먹어야 머리가 쑥쑥 돌아가듯이 AI도 데이터가 많을수록 정확도가 높아집니다.

그런데 인터넷의 발달로 AI의 음식 재료라 할 수 있는 데이터가 기하급수적으로 늘어나고 있습니다.

데이터 통계를 분석하는 데이터네버슬립(Data Never Sleeps)은 2020년 4월 각종 애플리케이션 및 서비스를 통해 매 1분 동안 생산되는 데이터의 양을 조사했습니다.

유튜브에서는 1분에 500시간 분량의 동영상이 업로드되고, 메타(옛 페이스북)에는 약 14만 7,000장의 사진이 업로드되고 15만 개의 메시지가 공유되며, SNS 서비스인 왓츠앱(WhatsApp)에서는 1분에 약 4,100만 개의 메시지가 공유된다고 합니다. 줌(Zoom)의 경우 1분에 20만 명 이상이 회의차 접속하며, 틱톡(TikTok)은 2,704명이 애플리케이션을 설치하고, 아마존은 1분에 6,659개의 상품이 출하되고 있답니다.

이런 다양한 형태의 정형, 비정형 데이터를 과거보다 쉽게 수집하고 분석할 수 있는 빅데이터 처리 환경이 조성되어 인공지능 상용화가 도래하였다고 볼 수 있습니다.

1분에 생성되는 데이터(출처: Data never sleep, 2020)

AI 반도체는 무엇일까요?

AI는 수많은 데이터를 학습하고 추론하여 결과를 도출하는 시스템입니다. 수많은 개 사진을 학습시켜서 스스로 고양이가 아닌 개를 찾아내는 것이지요. 그런데 이런 막대한 개 사진을 학습시키기 위해서는 단시간에 초고속으로 게다가 초저전력으로 데이터를 처리하는 특별한 프로세서가 필요한데 이런 프로세서를 흔히들 **AI 반도체**라 부릅니다.

AI 반도체는 AI 서비스 구현에 필요한 대규모 연산을 초고속, 초저전력으로 실행하는 효율성 측면에서 특화된 비메모리 반도체입니다.

AI 반도체를 이해하기 위해서는 기존 컴퓨터 구조인 **폰 노이만 구조**에 대해 이야기가 선행되어야 합니다.

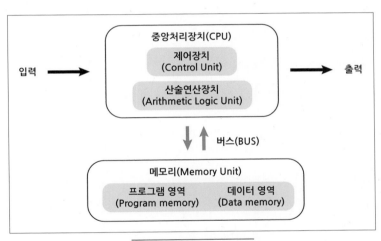

폰 노이만 구조도(출처: 과기정통부)

아인슈타인에 비견되는 천재 물리학자 폰 노이만(John von Neumann)이 1945년에 제시한 컴퓨터 아키텍처인 폰 노이만 구조는 중앙처리장치(CPU), 메모리, 프로그램 세 가지 요소로 구성되어 있습니다. CPU와 메모리는 서로 분리되어 있고 둘을 연결하는 버스를 통해 명령어 읽기, 데이터의 읽고 쓰기가 가능합니다.

이때 메모리 안에 프로그램과 데이터 영역은 물리적 구분이 없기 때문에 명령어와 데이터가 같은 메모리 버스를 사용하게 됩니다. 다시 말해, 외나무다리와 같은 버스를 통해 CPU가 명령어와 데이터에 동시 접근할 수 없습니다. 이런 방식의 문제점은 CPU가 순차적으로 한 번에 명령어 하나씩 실행하는 '내장 메모리 순차 처리 방식'을 따르고 있기 때문에 계산 속도가 기억장치 속도에 영향을 받아 병목 현상(Von-Neumann Bottleneck)이 발생하는 것입니다. 왜냐하면, 모든 계산의 결과가 ALU(Arithmetic Logic Unit) 연산을 거쳐 반드시 메모리 어딘가에 저장되어야 하기 때문입니다. ALU 연산의 결과가 메모리 또는 칩 내부의 캐시에 저장되어야 하기 때문에 항상 한 번에 하나의 트랜잭션만을 순차적으로 처리하게 됩니다.

폰 노이만 구조의 또 하나의 문제점은 CPU가 순차적으로 한 번에 하나의 명령어만을 처리하기 때문에 복잡한 수치 계산이나 정교한 프로그램에는 효율적이지만, 이미지나 소리와 같은 아날로그 데이터를 처리하는 데에는 효율성이 낮다는 점입니다.

그런데 AI를 학습시키기 위한 데이터는 요즘 인터넷에 넘쳐나는 사진이나 동영상 등 비정형 데이터들이 주를 이룹니다. 따라서 기존의 폰 노이만 구조로는 밥 한 공기 열량으로 병렬 처리를 자유자재로 하는 저의 두뇌만큼 효율적인 AI를 구현할 수 없습니다.

AI 반도체는 기존 반도체를 개선하는 방향으로 개발되기 시작하였습니다. **CPU, GPU, FPGA** 등이 이에 해당되며, 인텔이나 엔비디아, 자일링스 등의 업체가 대표적입니다. 기존 반도체에서 진화해서 비정형 데이터를 병렬 처리하는 데 나름 효율적이지만 소비전력을 많이 먹는 단점이 있습니다.

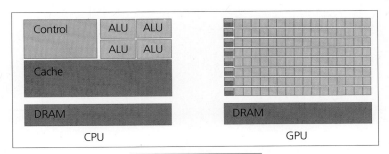

CPU vs GPU구조(출처: voidint.com)

그 후 1세대 AI 반도체라 할 수 있는 ASIC/ASSP가 나옵니다. 인공지능 연산 고속화를 위해 반도체 구성을 최적화시킨 구글의 **TPU**(Tensor Processing Unit)나 FPGA나 ASIC 형태의 **NPU**(Neural Processing Unit)가 이에 해당합니다. 이들을 이용하면 AI가 추론이나 학습을 할 때 핵심적으로 필요한 매트릭스 합성곱(convolution) 연산을 효율적으로 할 수 있으나, 가격이 비싸고 유연성이 낮아 디자인된 알고리즘으로만 사용할 수밖에 없는 단점이 있습니다. 구글의 TPU는 AI 알고리즘 전용 가속 구조를 채택함으로써 GPU 대비 30배 이상 에너지 효율을 높이는 것으로 알려져 있으며, 현재는 100페타플롭스(PetaFlops, 1초당 1,000조 번의 수학 연산처리를 뜻하는 말) 성능의 TPU까지 개발되어 구글 클라우

드에서 제공되고 있답니다.

현재 가장 진보된 형태의 AI 반도체는 인간의 뇌를 모방한 **뉴로모픽**(Neuromorphic) **반도체**입니다. 뉴로모픽(Neuromorphic) 반도체는 뉴런과 시냅스가 사람의 뇌에서 기능하는 방식인 뉴런-시냅스 구조를 모사하는 SNN(Spiking Neural Network) 기술을 사용한 대표적인 비(非) 폰 노이만 방식의 반도체입니다.

인간의 뇌에는 약 1,000억 개가 넘는 신경세포인 뉴런이 있고 100조 개 이상의 연결 고리인 시냅스가 병렬적으로 연결돼 약 20W 수준의 저전력으로도 기억, 연산, 추론, 학습 등을 동시에 수행할 수 있기 때문에 이런 뇌를 모방하는 것이지요.

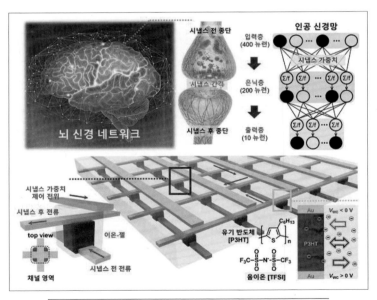

뇌 신경 네트워크의 시냅스 작동 방식을 모사한 트랜지스터 모습(출처: 연세대)

뉴로모픽 반도체 코어에는 트랜지스터와 메모리를 비롯한 몇 가지의 전자 소자들이 탑재되어 있으며, 코어의 일부 소자는 뇌의 뉴런의 역할을 담당하고, 메모리 반도체는 뉴런과 뉴런 사이를 이어 주는 시냅스 역할을 담당합니다.

뉴로모픽 반도체의 장점은 적은 전력만으로 많은 양의 데이터 처리가 가능하며, 높은 집적 용량으로 인간의 뇌처럼 학습할 수 있어 연산 성능이 대폭 향상된다는 점입니다. 따라서 기존의 딥러닝 방식과 유사한 성능 구현은 물론 높은 전력 효율을 달성할 수 있어, 특히 제한된 전력 자원을 갖는 모바일 시스템의 성능을 획기적으로 개선할 수 있는 장점이 있습니다. 그러나 아직은 기술 성숙도가 낮고 폰 노이만 구조를 사용하지 않기 때문에 범용성이 낮은 단점이 있습니다.

인텔은 지난 2017년 '로이히(Loihi)'라는 이름의 테스트용 뉴로모픽 칩을 공개했습니다. 128개의 컴퓨팅 코어로 구성돼 있으며, 각 코어에는 1,024개의 인공 뉴런이 있어 13만 개 이상의 뉴런과 1억 3,000만 개의 시냅스 연결을 제공합니다. 이는 바닷가재의 뇌보다 조금 더 복잡한 수준이라고 합니다. 지난 2020년에는 로이히 칩 760여 개를 이어 붙인 뉴로모픽 연구 시스템 '포호이키 스프링스(Pohoiki Springs)'를 공개했습니다. 포호이키 스프링스는 동물이 냄새를 맡을 때 뇌에서 일어나는 전기신호를 복사해 뉴로모픽 반도체에 적용한 것으로, 생쥐에 맞먹는 후각 능력을 갖고 있다고 합니다.

AI 반도체를 세대별로 분류하면 아래 그림을 참고할 만합니다.

AI 반도체 발전 방향

* 출처: 한국전자통신연구원

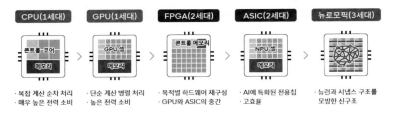

CPU(1세대)	GPU(1세대)	FPGA(2세대)	ASIC(2세대)	뉴로모픽(3세대)
· 복잡 계산 순차 처리 · 매우 높은 전력 소비	· 단순 계산 병렬 처리 · 높은 전력 소비	· 목적별 하드웨어 재구성 · GPU와 ASIC의 중간	· AI에 특화된 전용칩 · 고효율	· 뉴런과 시냅스 구조를 모방한 신구조

AI 반도체 발전 방향(출처: 한국전자통신연구원)

AI 반도체를 사용 용도별로 분류하면 아래 그림을 참고할 만합니다.

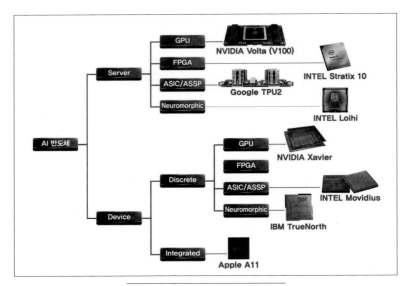

AI 반도체 사용 용도별 분류(출처: IITP, 2018)

AI First를 지나 AI Everywhere 시대에 AI 반도체의 중요성은 두말
하면 잔소리입니다.

현재 AI 반도체 개발은 미국과 중국이 주도하고 있습니다만 아직 AI 반도체 시장을 선점한 업체는 없습니다. 우리도 어서 빨리 정부와 기업과 연구소가 AI 반도체의 핵심 기술 확보에 사활을 걸어야겠습니다. 세계는 지금 반도체가 전략 물자로 간주되는 살벌한 기술 전쟁터입니다.

양자 컴퓨터

양자 컴퓨터는 무엇일까요? 양자 컴퓨터를 알기 위해서는 양자에 대한 이해가 선행돼야 합니다. 양자 컴퓨터는 양자의 특성을 이용해 만든 컴퓨터입니다. 반도체는 전자의 이동에 의한 논리 회로로 움직입니다. 논리 회로, 즉 게이트(gate)의 연산에 의해 움직이듯이 양자 컴퓨터는 양자의 신기한 이동에 의해 움직입니다.

양자는 물질이 갖는 에너지양의 최소 단위를 의미합니다. 반도체 작동 원리 챕터에서 원자가 물질을 이루는 가장 작은 단위라고 했는데 양자는 원자 속의 물질인 전자, 양성자 등 더는 쪼갤 수 없는 구조의 빛 알갱이를 말합니다. 양자란 어원은 'quantus'에서 유래합니다. 이는 라틴어로 'how great'라는 뜻으로, 마지막 르네상스 맨이라 불린 천재 물리학자 겸 생리학자 겸 철학자인 헤르만 폰 헬름홀트 (Hermann von Helmholtz)가 처음으로 사용했다고 합니다.

그런데 양자는 중첩과 얽힘이라는 아주 독특한 성질머리가 있습니다.

양자 중첩이란 하나의 양자가 여러 상태를 동시에 취하는 중첩된 현상을 말합니다.

고전 물리학에서는 물질이 하나의 상태에 있지만, 양자 물리학에서는 빛이 입자인 동시에 파동인 것처럼 두 상태가 중첩될 수 있다고 봅니다. 현재의 디지털 컴퓨터는 논리 게이트가 0과 1의 비트(bit)로 정보를 표현하고 계산하지만, 양자 컴퓨터의 큐비트(qubit)는 0과 1을 동시에 처리합니다. 2큐비트는 동시에 네 가지 상태를, 4큐비트는 동시에 16가지 상태를 기록할 수 있습니다. 양자 컴퓨터의 데이터 처리 능력은 큐비트 수가 N이라면 2의 N제곱이 되어 큐비트 수가 2이면 4개, 10이면 1,024개의 연산이 가능합니다. 즉 큐비트의 수가 늘어날수록 처리 가능한 정보량은 기하급수적으로 늘어납니다.

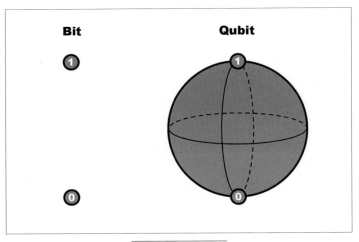

큐비트 모형(출처: Horizon)

양자 얽힘은 고전적으로는 설명할 수 없는 입자들 간의 특수한 상관관계로, 예를 들어 두 개의 얽힘 상태에 있는 입자들이 있을 때 하나의 입자 상태가 결정되면 입자 간의 거리와 상관없이 다른 입자의 상태가 영향을 받는다는 것을 말합니다. 서로가 아주 멀리 떨어져 있더라도 하나의 양자를 관측(측정)하면 다른 양자에게도 눈 깜짝할 새에 영향을 미치는 신기한 일이 벌어집니다.

양자 컴퓨터란 이런 양자 중첩과 양자 얽힘을 사용하여 양자 알고리즘을 바탕으로 빠른 속도로 계산 처리를 하는 차세대 컴퓨터라고 할 수 있습니다.

양자 컴퓨터가 계산 처리 속도를 높일 수 있는 방법은 세 가지입니다.

첫째로 계산 처리의 스텝 수, 즉 논리 게이트의 수를 줄이기

둘째로 계산 처리를 수행하는 회로의 클럭 주파수 높이기, 즉 1초간 처리하는 신호 수 늘리기

셋째로 멀티 코어, 즉 코어를 여러 개 나열하여 병렬 계산하기입니다.

두 번째 방법은 컴퓨터가 전자를 이용하여 계산하는 한 더 이상 클럭 주파수를 높일 수 없고, 세 번째 방법인 멀티 코어 방식은 멀티화할수록 에너지가 증대됩니다. 결국 속도를 높이기 위해 첫 번째 방법인 양자의 신비로운 현상으로 논리 게이트를 줄이는 방법을 씁니다.

양자 컴퓨터는 여러 개의 양자 비트 간에 양자 얽힘을 생성해서 계산을 합니다. 양자가 가진 파동으로서의 성질에 의해 양자 얽힘이 생성되어 양자 비트 간에 간섭이 일어나, 이로 인해 파동이 합쳐지거나 상쇄되거나 하여 매우 적은 스텝 수로 답을 도출합니다.

양자 컴퓨터는 속도도 어마어마하게 빠르지만 소비전력도 획기적으로 낮습니다. 기존의 컴퓨터는 대량의 트랜지스터의 NAND 게이트에 의해 구성되는데, 문제는 NAND 게이트를 사용하여 논리 연산을 할 때마다 전기에너지가 소비되고, 남은 전기에너지는 열에너지로 배출된다는 것입니다. NAND 게이트로 구성된 논리 회로를 전자가 이동하면서 계산 처리를 하는데, 입력 시에는 에너지 상태가 높고, 출력 시에는 에너지 상태가 낮아 그 차이가 열에너지로 배출됩니다. 그런데 양자 컴퓨터는 입·출력 시 에너지 상태가 같아 열에너지가 방출되지 않아 큰 폭으로 소비전력을 줄일 수 있습니다.

이렇게 저전력에 처리 속도도 어마어마하게 빠른 양자 컴퓨터는 왜 대량생산되지 않는 것일까요?

가장 큰 이유는 양자 컴퓨터를 만들기 어려워서입니다. 양자 컴퓨터는 중첩과 얽힘이라는 양자 특유의 신비로운 현상을 이용함으로써 초병렬 계산 처리를 수행합니다. 그래서 계산 처리 중에는 이런 상태가 깨지지 않도록 해야 하는데, 이런 중첩 상태는 열 등의 외부 영향에 의해 쉽게 깨집니다. 이를 막는 것은 매우 어려운 일인데 중첩 상태가 깨짐으로 생기는 오류를 어떻게 정정하는가 하는 '양자 오류 정정의 실현'이 매우 중요한 과제 중 하나입니다.

그럼 이렇게 만들기 어려운 양자 컴퓨터는 대체 어떻게 만들까요? 크게 4가지 방법이 있습니다.

첫째, 초전도 회로 방식입니다.

초전도란 금속을 아주 낮은 온도로 냉각하면 전기 저항이 제로가 되어 전자가 자유롭게 돌아다닐 수 있는 현상을 말합니다.

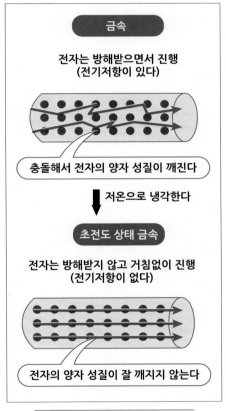

초전도 현상(출처: 처음 읽는 양자컴퓨터 이야기)

초전도 회로 방식은 현재 가장 주류인 개발 방식으로 구글이나 IBM이 이 방식으로 한창 개발 중입니다.

전기 회로 칩을 초전도 상태로 유지하기 위해서는 절대온도라고 하는 -273도까지 냉각해야 합니다. 냉각을 위해 어마어마하게 큰 냉동기 안에 초전도 전기 회로 칩을 넣고 수많은 케이블로 연결하여 양자 연산을 수행합니다.

이 방식은 칩 위에 다수의 양자 비트를 자유롭게 배치하여 집적할 수 있고, 전기신호로 양자 비트를 간단하게 조작할 수 있다는 장점이 있습니다.

반면 다른 방식보다 양자 비트가 불안정하고 중첩을 안정적으로 유지할 수 있는 시간이 짧다는 단점이 존재합니다.

두 번째는 이온 트랩 방식입니다.

이온 트랩은 전하를 띤 입자를 전자기장만을 이용하여 3차원 공간에 포획하는 장치로 이온 한 개 안의 전자가 궤도에 들어가는 두 가지 방식으로 양자 비트 0과 1을 표현합니다.

이온 트랩 방식은 오류 비율이 1% 이하이고 양자 비트가 안정적인 장점이 있는 반면 큐비트 수를 늘리기 어렵고 진공 용기가 필요한 단점이 있습니다.

이온 트랩 방식 양자 컴퓨터 개발 기업 아이온큐(출처: IONQ 홈페이지)

세 번째는 반도체 방식입니다.

CMOS와 MOSFET과 같은 반도체 구조는 극저온에서도 동작할 수 있습니다. 이를 이용해 극저온에서 동작하는 반도체 구조를 이용한 ASIC(Application-Specific Integrated Circuit) 기반의 제어 방식을 적용하게 되면 고밀도로 집적이 가능하여 소형화, 고효율, 저전력으로 작동할 수 있습니다. 이 방식은 반도체 기판 안에 가둔 전자 한 개가 가지는 자성의 두 방향으로 큐비트를 표현합니다. 반도체 방식은 오류 비율이 아직 높고 냉각기가 필요하다는 단점에도 불구하고 인텔, 프린스턴대학을 비롯한 여러 기업과 대학교에서 연구가 진행 중입니다.

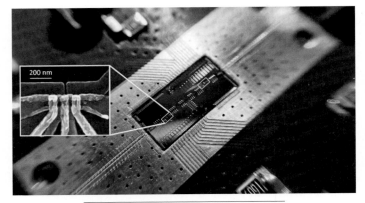

반도체 양자점을 이용한 양자 컴퓨터(출처: 프린스턴대학)

네 번째는 광 방식입니다.

이 방식은 광자 한 개의 파동 진동 방향 두 가지를 이용해 큐비트를 구현합니다. 장점은 실온이나 공기 중에서 작동이 가능하고 고속 연산도 척척 해냅니다만 아직 오류 비율이 높고 일부 연산은 부적확한 단점이 있습니다.

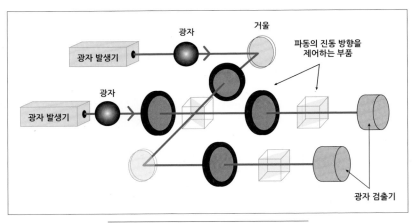

광 방식 양자 컴퓨터(출처:《처음 읽는 양자 컴퓨터 이야기》)

IBM에서는 IBM Q Experience라는 홈페이지를 통해 누구나 양자 컴퓨터를 이용할 수 있게 하였습니다.

https://quantum-computing.ibm.com/

아래 화면은 위 SITE에 들어가 회원 가입 후 제가 처음으로 만든 양자 회로인데, 제가 만들었지만 무슨 회로인지 잘 모르겠습니다.

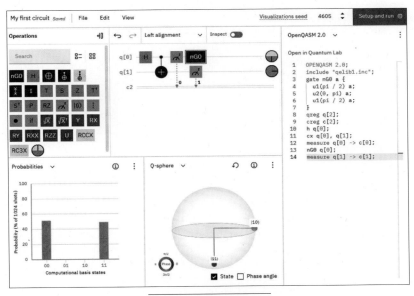

IBM Quantum Composer 화면

아인슈타인과 함께 20세기 최고의 물리학자로 일컬어지는 리처드 파인만의 말이 위로가 됩니다.

"양자역학을 제대로 이해하는 사람은 이 세상에 단 한 명도 없다."

구글은 2019년에 53큐비트의 양자 컴퓨터 시커모어를 공개했는데 기존 최고 성능의 슈퍼 컴퓨터가 1만 년 걸릴 과제를 약 200초면 풀수 있었습니다. 양자 컴퓨터 성능이 기존 슈퍼 컴퓨터를 넘어서는 '양자 우월성(Quantum supremacy)'에 도달했다고 입증한 건 시커모어가 처음이었습니다. 2020년에는 순다르 피차이 구글 CEO가 "앞으로 5~10년 사이에 양자 컴퓨터가 오늘날 우리가 알고 있는 모든 암호화를 깨뜨릴 것"이라고 했지요. 10년쯤 후엔 양자 컴퓨터로 가상화폐도 훔칠 수 있다는 말이지요. 비트코인 투자는 하지 않는 게 정신건강에 도움이 될 겁니다.

현재 산업, 군사, 금융 등 주요 보안 체계에서 사용 중인 RSA 공개키 방식의 암호는 양자 컴퓨터를 이용하게 되면 해독이 가능해질 거라 합니다.

전자지갑에 있는 가상화폐를 해킹하는 데 필요한 양자 컴퓨터 성능은 약 1,000만 큐비트로 추정됩니다. 현존하는 최고 큐비트의 양자 컴퓨터는 IBM이 개발한 127큐비트 수준의 범용 양자 프로세서 '이글(Eagle)'로 1,000만 큐비트에 한참 못 미칩니다. 그런데 글로벌 리스크 인스티튜트(GRI)가 올해 1월 발표한 양자 위협 보고서에 따르면, 양자 컴퓨터는 앞으로 10~15년 안에 1,000만 큐비트에 도달할 것으로 전망했습니다. 창이 새로 개발되면 당연히 이를 막는 방패도 더 진화합니다. 양자역학의 특징을 활용해 양자 컴퓨터 공격을 막아낼 수 있는 암호 체계인 양자 암호 개발도 한창입니다. 국내에서는 SK브로드밴드가 세계 최초로 국가 기간 통신망에 양자 암호 기술을 적용하는 데 성공했지요. 양자 통신은 에너지의 최소 단위인 단일 광자, 즉 양자의 물리적인 특성을 활용해 정보를 암호화해 전달하는 방식입니다.

양자 암호는 무작위 난수로 생성되고 한 번 읽을 수 있어 이를 알고 있는 송신자와 수신자 외에는 암호화된 정보를 읽을 수 없습니다. 다시 말해 도청 시도가 있어도 양자 상태가 흐트러져 정보를 읽을 수 없게 됩니다. 이런 특징으로 양자 통신은 복제나 감청이 원천적으로 불가능한 차세대 통신 기술, 국방·안보 핵심 기술이 될 것입니다.

인문학적 반도체_점(占)과 정(正)

제가 반도체의 미래에 대한 글을 썼지만 미래는 말 그대로 예측일 뿐입니다.

스님이 미래를 예측하는 점을 보는 것도 마찬가지입니다. 불교에서 보살로 불리는 우리네 어머님들 중 스님에게 점을 보러 절을 찾는 분들이 종종 있습니다. 고승이면 점을 잘 본다는 해괴망측한 이유 때문이지요. 그래서 대부분의 불교 종파에서는 스님이 점을 보는 행위를 엄격히 금지하고 있습니다.

그럼 불교에서 점을 보는 행위를 금지하는 이유는 무엇일까요?

불교의 핵심은 '**지금, 여기**'입니다.

'지금', '여기'인 현재에 집중하면 자신의 미래를 궁금해야 할 하등의 이유가 없습니다.

지나간 과거를 후회하는 사람

다가올 미래를 걱정하는 사람

모두 현재에 머물지 않아서입니다.

그런데 현재가 고통스러우면 어떡해야 할까요?

고통을 고통으로 여기는 자신을 가만히 바라보면 됩니다.

깊은숨을 끌어안아 차분히 아랫 배로 소화시켜 보면 참을 수 없을 것만 같았던 고통이 견딜 만해집니다. 육체적 고통이든, 정신적 고통이든 내면의 눈으로 직시하면요.

루나에 빨리 들어가야 먹을게 많다는 친구 말에 올인했다가 빈털터리가 되어 현재가 고통스럽다고 한숨 쉬며 좌절하지 않고, 삼성전자 주식이 10만 전자가 되어 즐겁다고 침 흘리며 헐떡이지 않는 사람이 불교에서 말하는 '수행자' 입니다.

어렸을 때 자신의 이름을 제외하고 가장 먼저 알게 되는 한자는 무엇일까요?

저는 바를 정(正) 자라고 생각합니다. 초등학교 반장 선거 때 투표수를 바를 정(正) 자를 칠판에 써서 카운트했으니까요.

불교 교리에도 바를 정(正) 자가 들어 가는 것이 있습니다. 여덟 가지 바른 도리, 팔정도(八正道) 입니다. 이를 알아 실천하면 세상이 편안합니다. 반도체 지식을 좀 더 아는 것보다 이런 도를 알고 실천하는 것이 세상을 살아가는 데 좀 더 큰 힘이 됩니다.

첫째 정견(正見)

팔정도의 첫째 덕목인 정견은 **현실 세계를 있는 그대로 올바르게 보는 것**을 의미합니다.

사람은 자신의 두 눈으로 실제로 본 것을 진실이라고 믿습니다. 과연 그럴까요? 아래 A, B 두 사각형 중 더 진한 색깔은 어떤 도형일까요? 당연히 A라고 답할 겁니다만 두 사각형은 사실 동일한 색깔입니다.

체커 그림자 착시 그림(출처: 위키)

실제로 보는데도 주변 상황이나 조건에 따라 착각하는 경우가 많은데 화가 나면 어떨까요?

'눈에 뵈는 게 없다'라는 말이 있듯이 화는 현실을 왜곡합니다. 눈에 뵈는 게 없다는 말은 아무것도 안 보인다는 의미인데, 이는 결국 아무것도 볼 수 없어 아는 게 없다, 즉 무지(無知)라는 말입니다. 제대로 보아야만 올바로 알 수 있습니다. 그래야 무지에서 벗어나 지혜를 얻을 수 있습니다. 통찰력이며 인사이트(insight)입니다.

둘째 **정사유**(正思惟)

바르게 생각하는 것을 말합니다. 현실 세계를 있는 그대로 바라보고 자기의 처지를 언제나 바르게 생각하고 이치에 맞게 합리적으로 사고하는 것을 말합니다.

플라톤은 '동굴의 비유'에서 '동굴 안'은 가짜 세계, 현실의 세계, 인간의 감각으로 인지하는 가시계(visible)이며 '동굴 밖'은 진짜 세계, 이데아의 세계, 인간의 이성으로 인지하는 가지계(intelligible)라고 했습니다. 관념론입니다.

> 모든 것을 의심하는 사이에도 내가 이렇게 의심하고 있다는 것.
> 내가 이렇게 의심하면서 스스로 그것을 의식하고 있다는 것.
> 스스로 의식하는 나는 여기에 분명히 있다는 것.
> 바로 그것만은 더 이상 의심할 수 없을 뿐 아니라,
> 내가 가장 확실하게 알 수 있는 가장 단순한 것이다.

데카르트

요컨대 "나는 생각한다. 고로 존재한다(Cogito, ergo sum)"로 유명한 데카르트는 이 명제야말로 다른 모든 것의 근거가 되는 가장 기초적인 명제라 생각했습니다. 존재론입니다.

정사유는 관념론도 존재론도 아닌 중도(中道)입니다.

셋째 정어(正語)

바르게 말하는 것을 의미합니다. 정사유 뒤에 생기는 바른 언어적 행위입니다. 거짓말, 나쁜 말, 이간질하는 말, 속이는 말을 하지 않고, 진실하고 유익한 말을 하는 것이지요. 동료 사원 간 상사 뒷담화가 당장에는 속 시원할지라도 더 속 터지는 일이 발생할 겁니다. "발 없는 말이 천리 간다.", "말 한마디로 천 냥 빚을 갚는다."라는 말이 말이 되는 이유가 정어입니다.

넷째 정업(正業)

올바른 행동을 말하며 정사유 뒤에 생기는 바른 신체적 행위입니다. 살생을 하지 않고 방생하며, 도둑질하지 않고 보시하며, 음란한 생활을 하지 말고 청정하게 생활하는 것을 말합니다. 정업은 불살생(不殺生), 불투도(不偸盗), 불사음(不邪淫)이라고 하는 계율로 됩니다.

다섯째 정명(正命)

바른 직업을 가지고 바르게 생활하는 것을 뜻합니다. 바른 직업이란 구체적으로 무기 거래, 성매매, 독약이나 술, 마약 거래 등 타인과 사회에 부정적인 영향을 주는 직업을 갖지 않는 것입니다. 기업 입장에서 보면 'ESG 경영'이라고도 할 수 있습니다. 지속 가능한 경영을 위해 지구 환경을 보호하고 사회적 노동 환경을 개선하며 이사회 구성을 투명하게 하는 것 말입니다. 이번 대통령 후보자 간 TV 토론으로 전 국민이 알게 된 RE100도 ESG에 해당합니다. SK하이닉스가 국내 대기업 중 처음으로 가입한 RE100이란 Renewable Energy 100(재생에너지 100)의 약자로 기업에서 사용하는 전력의 100%를 재생에너지로 대체하는 것을 말합니다.

SK하이닉스 RE100 신문 광고(출처: 조선일보)

여섯째 **정정진**(正精進)

올바른 노력을 하는 것을 의미합니다. 우리는 '노력한다'라는 말을 하기 싫은 것을 억지로 할 때 노력이라고 말합니다. 아들이 게임을 할 때는 '노력한다' 하는 말을 쓰지 않습니다. 자기가 좋아서 하는 것은 노력이라는 말을 안 쓰지만 공부할 때는 노력한다고 말하죠. 결국 하기 싫은 일을 할 때 노력이라고 말하죠. 그래서 노력을 하게 되면 스트레스를 받습니다. 스트레스를 받으니 사는 게 힘듭니다. 노력을 하다가 애쓰다 안 되면 포기합니다. 안 하고 게으름을 피우지요. 전자가 원자핵을 돌 듯, 지구가 태양 주위를 돌 듯 애쓰지도, 게으르지도 않고, 그냥 편안한 가운데 꾸준히 해나가는 것이 '정정진'입니다.

일곱째 **정념**(正念)

바른 알아차림을 말합니다.

알아차림이란 영어로 마인드풀니스(Mindfulness)로 번역하고 마음 챙김이라고도 합니다. 원어로 사띠(sati)라고 하며 '지금 여기 있는 그대로 주의 깊게 바라봄'이란 뜻입니다. 요새는 개인별 맞춤형 광고가 대세입니다. 내가 무엇을 살지, 무엇을 좋아할지를 빅데이터를 통해 알아서 척척 보여 주지요. 우리는 거기에 아무 생각 없이 습관적으로 반응합니다. 바른 알아차림이란 이런 무의식적 행동을 멈추는 가장 효과적인 방법입니다.

여덟째 **정정**(正定)

바르게 집중한다는 뜻으로 선정(禪定)을 가리킵니다.

명상의 생활화가 정정입니다. 우리의 마음은 술 취한 코끼리처럼 들뜨고 산만할 때가 많습니다. 정정을 통해 마음이 편안하고 안정되고 고요해짐에 따라 이에 의해 사물을 정확하게 보는 정견이 발현됩니다.

제 어릴 때보다 더 풍족해지고 더 여유로워졌는데 왜 대부분의 사람은 더 불행하다고 느낄까요?

예전엔 모두 못살았는데 이제는 너무 빈부 격차가 커졌기 때문일까요?

4차 산업혁명으로 세상 모든 일이 온라인상에서 이루어져서 일까요?

코로나가 끝나도 점점 고립되고 소외되고 외로워서일까요?

수행자들이여,

세상 사람들은 고통의 바다에 빠져 있나니 [고苦],

이 고통은 잘못된 탐욕과 집착 때문에 생기는 것이다 [집集].

그런 까닭에 눈을 떠서 이 탐욕과 집착의 뿌리를 뽑아 버리면 고통을 벗어나 열반과 해탈에 이르니 [멸滅],

그대들이 여덟 가지 성스러운 길[팔정도八正道]을 힘써 행해 닦으면 [도道],

누구든지 눈을 뜨고 큰 깨우침을 얻을 것이다.

사성제(四聖諦)

이유야 어쨌든 팔정도를 통해 이 풍진 세상을 순풍에 돛 단 듯 여여하게 헤처 나가시길….

5장. 반린이 탈출 문제

1. 양자 컴퓨터로 계산할 때의 기본 단위로 정보를 0과 1의 상태를 동시에 갖는 단위를 무엇이라 하는가?

   ① 큐비트(qubit)

   ② EUV

   ③ 비트 (bit)

   ④ 퀀텀(quantum)

   ▷ 일반 컴퓨터는 정보를 0과 1의 비트 단위로 처리하고 저장하는 반면 양자 컴퓨터는 정보를 0과 1의 상태를 동시에 갖는 큐비트 단위로 처리하고 저장한다.

2. 아인슈타인에 버금가는 천재 물리학자로 오늘날의 컴퓨터의 구조를 제시한 사람은 누구인가?

   ① 슈뢰딩거

   ② 튜링

   ③ 폰 노이만

   ④ 빌 게이츠

3. 최근 주목받고 있는 인간의 뇌를 모방하여 만든 AI 반도체를 무엇이라고 하는가?

   ① GPU

   ② 양자 컴퓨터

   ③ 뉴로모빅 반도체

   ④ TPU

4. 여러 개의 DRAM 칩을 일반 종이 두께의 절반보다도 얇게 깎은 후, 수직으로 미세한 구멍을 뚫어 칩 상하단의 구멍을 전극으로 연결하는 패키징 기술은 무엇인가?

① TSV

② FRAM

③ PRAM

④ Chiplet

▷ FRAM은 DRAM과 비슷한 구조를 갖고 있으나 강유전체를 이용하여 전원이 끊어져도 데이터를 보존할 수 있는 비휘발성 메모리의 일종이다.

▷ PRAM은 플래시 메모리의 비휘발성과 RAM의 빠른 속도의 장점을 모두 가지고 있는 비휘발성 메모리의 일종이다.

5. 병렬 처리에 유리하여 현재 AI 분야에서 가장 많이 사용되는 반도체로 대표적 기업으로는 엔비디아가 있다. 이런 반도체를 무엇이라 하는가?

① GPU

② FPGA

③ NPU

④ PIM

▷PIM은 메모리 내부에 연산 작업에 필요한 AI 프로세서 기능을 더한 지능형 반도체의 일종이다.

정답 1. ①   2. ③   3. ①   4. ①   5. ①

맺는 글

이 책의 부제인 '半導體의 半만 알아도 세상을 이해한다'라는 말은 사실 저 자신에게 해당됩니다.

20년 넘게 반도체 기업에 근무했지만 정작 저 자신도 반도체에 대해 잘 알지 못했습니다.

그런데 퇴직 후 반도체 공부를 시작하면서부터 세상을 조금 더 이해하게 됐습니다.

휴대전화라는 보이는 세상이 반도체라는 보이지 않는 세상에 의해 존재하고, 반도체라는 보이지 않는 존재는 양자역학이라는 신비로운 과학에 의해 발전되고 있다는 사실이 흥미로웠습니다.

왜 바이든 미 대통령이 방한 시 삼성전자를 첫 방문지로 선택했는지, 왜 미국은 화웨이를 제재하고 EUV 장비 수출을 금지하면서까지 중국을 견제하는지, 세상사 돌아가는 정치사도 반도체를 통해 알 수 있었습니다. 팹리스, 파운드리, OSAT로 이어지는 반도체 생태계는 서로 얽히고설킨 촘촘한 인드라망과 다름 아니었습니다.

그래서 자신의 내면을 바로 볼 수 있는 눈과, 남을 이해할 수 있는 여유의 가슴과, 중첩과 얽힘이라는 양자 세계를 이해하는 두뇌를 가진 더 나은 제가 되었습니다.

반도체 인문학을 빨리 말하면 반도체 입문학으로도 들립니다. 이 책이 여러분께 반도체 인문학으로도, 반도체 입문학으로도 읽혀지면 좋겠습니다. 그래서 저처럼 반도체의 반만 알아도 세상이 이해되고 삶이 즐거워지면 더할 나위 없겠습니다.

집에서 편하게 자판을 두드리며 글을 쓸 수 있도록 트랜지스터, 집적회로, SoC, 컴퓨터를 만들어 주신 수많은 과학자와 개발자분들의 노력이 없었다면 이 글은 세상에 나오지 못했을 겁니다.
한 권의 책을 만들기 위해 베어진 아낌없이 주는 나무의 희생도 기억합니다.

반 백수인 저를 대신해 회사라는 전쟁터에서 밥벌이를 하고 있는 '마눌님'과 중 2병이 조금 일찍 와 매사가 불만투성이인 중학생 아들에게 고마움을 전합니다.

참고도서

반도체 제대로 이해하기_강구창, 지성사

반도체 비즈니스 제대로 이해하기_강구창, 지성사

반도체 기술 핸드 _이종명, 한림원

반도체전쟁_남윤선외, 한국경제신문

반도체와 정보화사회_이재철외, 시그마프레스

쇼클리가 들려주는 반도체 이야기_류장렬, 자음과 모음

최신 VLSI 설계_조준동, 한빛미디어

반도체 제국의 미래_정인성, 이레미디어

반도체 이야기_매일경제신문 산업부, 이지북

반도체란 무엇인가_유영준, Pi-TOUCH

4차 산업혁명시대의 반도체 비즈니스_권영화, 답게

초격차_권오현, 쌤앤파커스

담론_신영복, 돌베개

빛의 양자컴퓨터_후루사와 아키라, 도서출판 동아시아

처음 읽는 양자컴퓨터 이야기_다케다 슌타로, 플루토

반도체의 미래_수재 킹류외, 이음

반도체 넥스트 시나리오_권순용, 위즈덤하우스

그래핀 반도체 인기학과 진로코칭_정유희 외, 미디어숲

반도체 길라잡이_류장렬, 청문각

Digital 회로설계 실무_변형구, 복두출판사

C언어로 배우는 프로그래밍의 기초_김화수외, 혜지원

반도체 투자전쟁_김영우, 페이지2북스

논리-철학논고_비트겐슈타인, 책세상

화, 이해하면 사라진다_일묵, 불광출판사

반도체 인문학

半導體의 半만 알아도 세상을 이해한다

1판 1쇄 발행   2022년 11월 10일
1판 1쇄 발행   2022년 11월 15일

지은이 | 왕용준
펴낸이 | 박정태
편집이사 | 이명수   출판기획 | 정하경
편집부 | 김동서, 전상은, 김지희
마케팅 | 박명준   온라인마케팅 | 박용대
경영지원 | 최윤숙, 박두리

펴낸곳   BOOK★STAR
출판등록   2006. 9. 8. 제 313-2006-000198 호
주소   파주시 파주출판문화도시 광인사길 161 광문각 B/D 4F
전화   031)955-8787
팩스   031)955-3730
E-mail   kwangmk7@hanmail.net
홈페이지   www.kwangmoonkag.co.kr

ISBN   979-11-88768-58-5 03320
가격   20,000원